特別支援学級の
学習指導計画案集

——全面的な発達のために——

江口季好　著

同成社

まえがき　――この本の使用法について――

小学校・中学校で普通学級を担任し、また長年さまざまな発達の障害をもつ子どもたちを担任してきて、私は、教育というものは人間の全体的発達を保障するために、綿密な計画によって指導しながら、しかも、子どもたちの主体的で意欲的な向上の心をこよなく大切にしなければならないということを痛感してきました。

ところで、普通学級ではほとんど教科書に即して年間指導計画が作成され、それにもとづいて月別、週別、そして１日１日、１時間１時間の指導が展開されていきますが、障害をもつ子どもたちの学級では、このような計画で指導していくことはたいへん困難です。私たちは、どうしても１人ひとりの子どもに即して指導していかねばなりません。しかし、１人ひとりの理解はちがっている状態ではあっても、集団としての一斉授業は、子ども集団の教育力を生かすことであり、一定の指導内容を同じような方向で実現していくうえできわめて大切なことであると思われます。

私は低学年では個別指導を重視し、中学年や高学年を担任したときは一斉指導を中心にすすめてきました。たとえば、算数の時間、５人の子どもがいる場合、Ａには「２＋３はいくつ」ときいて答えさせ、Ｂには「８＋７はいくつ」とききき、Ｃには「12ひく５はいくつ」とききき、Ｄには「34ひく９はいくつ」とききき、Ｅには「 200 － 120はいくつ」などと、順番にきいて暗算の指導をしてきました。それは、Ａは「II算数(2)足し算」の「５」、Ｂは「(9)１位数のくり上がりのある足し算」の「７」、Ｃは「(13) ２位数から１位数を引く、くり下がりのある引き算」の「１」、Ｄは同じ「(13)」の「２」、Ｅは「(18) ３位数から１位数、２位数、３位数を引く、くり下がりのある引き算」の「３」の到達をめざして学習している学級だからです。このような一斉授業は成立します。また、ＡＢＣＤＥ児に、それぞれのプリントを与えて、これらの問題を学習させながら私は机間巡視をつづけて、１時間の算数の時間とすることができます。

算数にかぎらず、私はこのような一斉授業を重視してきました。

また、１人ひとりの学力を確実に伸ばしていくためには、各教科の細かなステップによる指導計画が必要でした。このことは、いつも同じ担任の話題になり、平林ヨシエ先生、永代寛子先生、山本一枝先生などと話し合いながらカリキュラムをつくりつづけてきました。このカリキュラムは、「見せてほしい」という方が多く、教科別に冊子にしているものを見せる機会がたびたびありました。そして「これをまとめて出版してほしい」ということばも何回もききました。

さいわい、同成社の山脇洋亮氏から刊行の話があり、これまでに作成してきた各教科の指導計画案をまとめて、この使用法もふくめて１冊の本にすることができました。この本が心身に障害のある子どもたちの成長の一助になればうれしいかぎりです。

「障害児童学級の学習指導計画案」は「Ⅰ　国語」「Ⅱ　算数」「Ⅲ　社会科」「Ⅳ　理科」「Ⅴ　体育」「Ⅵ　音楽」「Ⅶ　図工」「Ⅷ　家庭科」「Ⅸ　生活勉強・認識諸能力・道徳的生活」としました。また、それぞれ細かな項目にわけ、通し番号をつけています。

そこで、ある１人の子どもは、いま国語は「⑵聞く力－４、⑶話す力－14、⑷読む力－９、⑸書く力－８」、算数は「⑴数－５」、社会科は「⑴家庭－36、⑵学校－12」、理科は「⑴植物－17、⑵動物－３、⑶気象・天体－５、⑷人体－３、⑸その他－４」、体育は「⑴体の動き－12、⑵歩く・走る・跳ぶ－３、⑶ボール－５、⑷平均台・バランス・マット－４、⑸のぼり棒・鉄棒－５、⑹水泳－４、⑺ラジオ体操・その他－２」、音楽は「⑴身体表現－８、⑵歌唱－５、⑶演奏－６」、図工は「⑴描画－７」、家庭科は「２」、生活勉強・認識諸能力・道徳的生活は「⑴人とかかわる力・遊び－73、⑵１日のながれ－①登校まで－21・②学校で－10・③帰宅後－７・④入浴－５」の学習をしている、などということがはっきりわかります。そして、つぎに何を目標にするかということも設定することができます。

もちろん、これらの目標を身につけるうえでの方法や教材は適切なものを考えなくてはなりません。このような細かなステップで指導していくと、１ヵ月ごとに、１学期ごとに、１年ごとに、かなりの項目を身につけたことがはっきりとわかります。日々の成長が具体的にわかり、また目標を具体的にとらえることができます。障害をもつ子どもたちは、このようにして教育していかないと、成長のよろこびを明確にとらえることができないし、遅々とした成長のように感じられて、日々の教育の喜びを感じることがないという状態になったりすることがあります。

左に［　｜　｜　］をそれぞれつけてあります。ここには、ある日ある時、全項目に、よくできる項目には［　｜　｜○］、どうにかできる項目には［　｜　｜△］、できない項目には［　｜　｜×］として、また1学期すぎたとき［　｜○｜△］、［　｜△｜×］というように印をつけることができます。そして、、つねに「△印のところが当面の指導の重点になります。または、よくできるようになった日を［　｜　｜1988 2/5］と書きこんでいってもいいのです。

こうして、大半この項目が○になれば、社会的に生きていく力が十分身についたことになります。

注意しなければならないことは、○印になることを急ぎすぎることです。大事なことは、子どもが自分から達成しようと明るい気持ちで努力していくようにしていくことです。そのためには、成長の喜びを感じさせていくことが大切です。自ら学び、向上していく生活を子ども自身のものとしていけるように、それぞれの項目を楽しく指導していきたいと思います。

それぞれの項目についての指導の方法を書くことはできません。その1部を「指導の実践例」として付記しました。参考にしていただきたいと思います。さらに、創意的な指導の方法で実践されることを願うものです。

また、それぞれの教科の項目には同じような内容のものがいくつかあります。絵を描く力も、文字を書く力も、○印を書くようなことはともに通過しなければならないことなので、重複して入れてあるものもあります。

それは各教科の独自性が明確になる前段階では、１人の人間の基本的な力の要素として、総合されているものがあるからです。このような意味で重複していることをご了解いただきたいと思います。

さらに、このような考えで教育していくうえで問題になるのは、生活単元学習か、教科重視の実践か、ということです。私は、生活単元学習というのは、あるひとつの行事を中心にして、一定期間にかぎって計画しました。そして、他の多くの時間は普通学級と同じような時間割で授業をしてきました。いうまでもなく、それぞれの教科の指導の内容は、教科書を中心とした普通学級のものではなく、この「学習指導計画案」によるものです。教材もまた、それぞれの項目に即したものを使い、指導の方法も、個別的にまたは一斉授業としてすすめてきました。「国語」に関しては同成社の「心身障害学級・養護学校用こくご　１～３」と「入門編　１・２」の全５冊をご活用いただけば、この指導計画と合致しています。他の教科については、さまざまな出版物を活用し、また手づくりのよい教材で実践していただきたいと思います。

障害をもつ子どもたちのかぎりなく豊かな成長を願いつつ。

1987年２月

江口季好

もくじ

第Ⅰ部　学習指導計画案

ことばと教育

言語は、その内言と外言によって、人間としての感覚・表象・知覚・記憶・想起・思考・想像などの認識諸能力を確かなものとするはたらきがある。(感覚や表象は、事物の概念を形成し、感情・情動・情念などの感性を形成する基盤となり、思考は、理解力・弁別力・関係判断力・工夫力・柔軟性・拡散性と収束性・方向づけ・帰納的演繹的判断・三段論法・矛盾の発見・批判力・視点や発想の転換と達成への構想力などの力をふくみ、想像力は、再生的想像と創造的想像の力をふくむ)

また、言語には思考・思想・感性などの内容を伝達し、記録し、文化を享受し、創造する機能があり、さらに個人や集団を説得し感動させ組織する機能があり、そして、注意力・自己統御力・意志力・美意識・価値観などと深くかかわっていて、現実に生起する諸問題を解決していく力となり、人間として生きていく充実感と喜びを形成する。

このことばの力は、言語(発声・音韻・発音・単語・文字・文・文章・文法など)の知識と理解、認識諸能力と認識内容(自然認識・社会認識・人間認識)の成長のなかで、聞く力、話す力、読む力、書く力をもとにして、集団で話し合う系統的・計画的指導と、一人ひとりの自主的・自発的・意欲的言語活動によって、全教育の基礎・基本として正しく豊かに発達していくものである。(江口季好)

Ⅰ　国　語

(1)　発語以前

			1	お母さんに親しむ。
			2	お父さんに親しむ。
			3	家族のものに親しむ。
			4	担任の教師に親しむ。（教師のひざに乗ったり、おんぶされたりする）
			5	担任以外の教師に親しむ。（話しかけられると、その人の方を見る）
			6	同じクラスの子どもと親しむ。（話しかけられると、友だちの方を見る）
			7	何かをよく見ようとする。（テレビ・うさぎなど）
			8	何かをよく聞こうとする。（オルガン・タンバリン・ハーモニカ・すずの音など）
			9	何かを拒否する。（食べ物・歯の検査・注射など）
			10	何かを要求する。（カタログをとってくれ、高い高いをしてくれ、ある食べ物など）
			11	笑ったり、泣いたり、怒ったりする。（声を出す）

			12	ほめられることを喜ぶ。（名まえを呼んで、ふり向くようなときほめる）
			13	物のやりもらいができる。（おかしやボールなど）
			14	友だちといっしょに何かをする。（手をつないで歩いたり、物を運んだりする）
			15	教師の体の動き（ぴょんぴょんとぶことや、ぞうさんのゆうぎなど）を模倣する。
			16	体の部分の指さしができる。（目はどれ、口はどれ、など）
			17	絵本のなかの物や動物をきくと指さしをする。
			18	２語文の指示（みんな立って、しゃがんで、ぼうしをとりなさい、など）に応じる。

(2)　聞く力

			1	名前を呼ばれたら自分が呼ばれていることがわかる。
			2	話しかけると、話し手の方を見る。
			3	５分間くらい話し手の方を向いて聞くことができる。
			4	短い話をきいて楽しむ。（紙しばい・絵本の読みきかせ）
			5	短い話をきいて、何が登場したかがわかる。（紙しばい・絵本の読みきかせ）
			6	短い話をきいて、どんなことがあったかがわかる。（紙しばい・絵本の読みきかせ）
			7	短い話のあらすじがわかる。（紙しばい・絵本の読みきかせ）
			8	紙しばいや絵本ではなく、読んでやった話がわかる。
			9	２つの用件を聞いて、指示通りに行動できる。

			10	人の話を聞いて、賛成をしたり反対をしたりすることができる。
			11	５分間くらいの話を聞いて、大事なことがとらえられる。
			12	やや長い話を聞いて、内容がとらえられる。
			13	朝会で校長先生の話や週番の先生の話の内容がわかる。
			14	父母の留守のときにかかった電話の内容がわかる。
			15	道や電車のなかで話しかけられたことがわかり、対応できる。

(3)　話す力

			1	「あ・お・う」「あー・おー・うー」などが模倣して言える。
			2	「ぱ・ば・ぶ・ま」などが模倣して言える。
			3	返事ができる。（はっきりした「はい」でなくてもよい）
			4	「バイバイ」と模倣して言える。
			5	「ママ・パパ」と模倣して言える。
			6	「ム・ダ・ワ・イ・エ」などが模倣して言える。
			7	「ク・グ・タ・チ・テ・ト」などが模倣して言える。
			8	「ナ行・マ行」の音節が模倣して言える。
			9	「ア行・タ行」の音節が模倣して言える。
			10	「カ行・ガ行・バ行・パ行」の音節が模倣して言える。

			11	「サ行・ザ行・ハ行・ラ行・ヤ行・ダ行」の音節が模倣して言える。
			12	「これ、なに」ときくと、「て・め・木・絵」などと答えることができる。
			13	「これ、なに」ときくと、「みみ・くち・あし・いす・うま・うし」などと答えることができる。
			14	2音節の単語が実物や絵で10個以上言える。
			15	「これ、なに」ときくと「バナナ・みかん・あたま・おなか」などと答えることができる。
			16	3音節の単語が実物や絵で10個以上言える。
			17	長音の単語が自発音として言える。
			18	4音節の単語が実物や絵で10個以上言える。
			19	促音の単語が言える。
			20	拗音の単語が言える。
			21	拗長音の単語が言える。
			22	拗促音の単語が言える。
			23	促音や拗音や拗長音などのまじった単語が言える。（ちゅうしゃ・きゅうしょく・ピッチャー、など）
			24	簡単な要求が相手にわかるように言える。
			25	1語文で話すことができる。（とって・きてよ・やろう・おはようございます、など）
			26	2語文で話すことができる。（みず　のみたい・おしっこ　いく・はな　きれいね、など）
			27	「これ・それ・あれ」などの代名詞が使える。
			28	助詞の「の・と」が使える。

			29	助詞の「が・も・や」が使える。（「が」は格助詞)
			30	助詞の「は」が使える。
			31	助詞の「ね・よ・さ・か・な」が使える。(「か」「な」は終助詞)
			32	助詞の「を・に」が使える。
			33	助詞の「へ・で」が使える。
			34	助詞の「から・まで・だけ」が使える。（「から」は格助詞)
			35	助詞の「より・ぞ」が使える。（「より」は格助詞、「ぞ」は終助詞)
			36	接続助詞の「から・ので・ば・ても・でも・と・で・が・し」などが使える。
			37	接続助詞の「のに・と・て・たり・ながら・でも・けれど」などが使える。
			38	助詞を使って2語文を使うことができる。
			39	助詞を使って3語文を使うことができる。
			40	助詞を使って4語文を使うことができる。
			41	2センテンスで話すことができる。
			42	3センテンスで話すことができる。
			43	簡単な伝言ができる。
			44	自分の言いたいことを、相手にわかるように話し、説明することができる。
			45	発音や声の大きさに気をつけて話すことができる。
			46	聞かれたことに対して答えることができる。

			47	しりとり遊びができる。
			48	なぞなぞができる。
			49	質問したいことをきくことができる。
			50	連体修飾語を使って話すことができる。
			51	連用修飾語を使って話すことができる。
			52	順接・逆接の表現ができる。
			53	自分の考えを理由をあげて話すことができる。
			54	否定の助動詞「ない」が使える。
			55	希望の助動詞「たい」が使える。
			56	完了の助動詞「た」が使える。
			57	予想・推量の助動詞「よう・らしい」が使える。
			58	伝聞の「そうだ」が使える。
			59	「……ます」という丁寧語が使える。
			60	「すぐ・まだ・ちょっと・ずっと・とうとう・どうぞ」などの副詞が使える。
			61	「かならず・もし・もちろん・ぜひ・けっして」などの副詞が使える。
			62	敬語がだいたい使える。
			63	「時」が正しく表現できる。
			64	重文を使って話すことができる。

			65	数センテンスで「したこと」を話すことができる。
			66	「……ました。……ました。」と話すなかに説明を入れることができる。
			67	長い間にわたることをまとめた形で話すことができる。
			68	理由をあげて意見を言うことができる。
			69	物語を要約して話すことができる。
			70	５Ｗ１Ｈ（いつ・どこで・だれが・なにを・どのように・どうした）を必要に応じて使い対話することができる。
			71	相手の話からそれないように内容に応じた話ができる。
			72	大勢の前で、２分くらい報告したり、意見を言ったりすることができる。
			73	会議の司会ができる。
			74	ことばのアクセントやイントネーションに注意することができる。
			75	共通語と方言があることがわかり、必要なときは共通語で話すことができる。

(4)　読む力

			1	いくつかのひらがなが読める。（自分・友だちの名の最初のひらがな）
			2	自分のひらがなの名まえが読める。
			3	友だちのひらがなの名まえが読める。
			4	ひらがなの清音が20くらい読める。（以下ひらがな）
			5	清音がほとんど読める。

			6	濁音・半濁音の一部が読める。
			7	濁音・半濁音がほとんど読める。
			8	２音節の単語がひろい読みでなく語として読め、そのさしているものがわかる。
			9	２音節の単語が20以上語として理解できる。
			10	２音節の単語が語として読め、そのさしているものがわかる。
			11	長音の単語が読める。
			12	促音の単語が読める。
			13	拗音の単語が読める。
			14	拗長音の単語が読める。
			15	長音・促音・拗音・拗長音・拗促音の合成語が読める。
			16	助詞と、その音節を区別して読むことができる。
			17	かたかなの清音が20くらい読める。（以下かたかな）
			18	清音がほとんど読める。
			19	濁音・半濁音の一部が読める。
			20	濁音・半濁音がほとんど読める。
			21	２音節の単語がひろい読みでなく語として読め、そのさしているものがわかる。
			22	２音節の単語がいくつか語として理解できる。
			23	３音節の単語が語として読め、そのさしているものがわかる。

			24	長音の単語が読める。
			25	促音の単語が読める。
			26	拗音の単語が読める。
			27	拗長音・拗促音の単語が読める。
			28	長音・促音・拗音・拗長音・拗促音の合成語が読める。
			29	主述の整った簡単な文が、文として読め、書いてあることがわかる。
			30	「何は何です」という文の主述がわかる。（あきこさんは、いちねんせいです）
			31	「何が……しました」という文の主述がわかる。（あきこさんが、ころびました）
			32	「何は……しい」という文の主述がわかる。（あきこさんは、かわいらしい）
			33	「何は……だ」という文の主述がわかる。（あきこさんは、きれいだ）
			34	3 語文の内容がわかる。（あきこさんが、おかしをたべました）
			35	いろいろな助詞で書かれた 3 語文の内容がわかる。（あきこさんは、うちにかえりました）
			36	いろいろな助詞で書かれた 4 語文の内容がわかる。（あきこさんが、みのるくんにおかしをやりました）
			37	動詞の意味が20以上わかる。（あるく・たべる・のむ・なげる・はしる・かく、など）
			38	形容詞の意味が20以上わかる。（きれい・きたない・ながい・みじかい・ちいさい、など）
			39	代名詞のさしているものがいくつかわかる。
			40	副詞の意味がいくつかわかる。（すぐ・ちょっと・とうとう・まだ、など）
			41	助動詞の意味がいくつかわかる。（ない・たい・らしい・そうだ、など）

			42	順体の接続詞の意味がわかる。（ので）
			43	逆体の接続詞の意味がわかる。（けれども）
			44	２つのセンテンスで書いてある内容がわかる。
			45	３つのセンテンスで書いてある内容がわかる。
			46	４つのセンテンスで書いてある内容がわかる。
			47	数センテンスで書いてある内容がわかる。
			48	漢字がいくつか読め、そのさしているものがわかる。（木・川・山など）
			49	漢字が20以上読め、そのさしているものがわかる。（一二三……十、月火水木金土日など）
			50	漢字が30以上読め、意味がわかる。（見る・赤い・白い・右・左・大きい・小さい、など）
			51	ひらがな、かたかな、漢字まじりの文が読め、内容がわかる。
			52	やさしい物語が楽しんで読め、内容がわかる。
			53	やさしい説明文が楽しんで読め、内容がわかる。
			54	やや長文の物語が楽しんで読め、内容がわかる。
			55	やや長い説明文が楽しんで読め、内容がわかる。
			56	物語を読んで簡単な感想が言える。
			57	説明文を読んで簡単な感想が言える。
			58	詩を楽しんで読むことができる。
			59	詩を読んで簡単な感想が言える。

			60	漢字が50以上読め、意味がわかる。
			61	漢字が 100以上読め、意味がわかる。
			62	漢字が 200以上読め、意味がわかる。
			63	長文の物語を楽しんで読むことができる。
			64	文語の表現がかなりわかる。（うさぎ追いし彼の山、など）
			65	外来語がかなりわかる。（アンケート・イニシアル・エンゼル・オープンなど）
			66	ヨコ書きの文や文章をうまく読むことができる。
			67	国語辞典をひくことができ、利用できる。
			68	漢字の音訓がだいたいわかる。
			69	漢字の部首（へん・つくり・かんむり・あし・たれ・にょう、など）がだいたいわかる。
			70	漢字の画数がわかる。
			71	漢和辞典をひくことができる。
			72	百科事典をひいて調べることができる。
			73	新聞・雑誌などを読むことができる。
			74	図書館に行って、自分に必要な図書を借り出して読むことができる。

(5) 書く力

			1	サインペン・クレヨンなどで紙の上に線を書くことができる。

			2	サインペン・クレヨンなどで紙の上に何本も線を書くことができる。
			3	鉛筆で線を書くことができる。
			4	鉛筆でたて・よこ・ななめ（左右）に線を書くことができる。
			5	鉛筆でまるく書くことができる。
			6	なぐり書きができる。
			7	まるを１個ずつ書くことができる。
			8	点から点まで線で結ぶことができる。
			9	直線や曲線の上をなぞることができる。
			10	１筆書きのひらがなをなぞることができる。（つ・く・し・の、など）
			11	２筆書きのひらがなを筆順に従ってなぞることができる。
			12	○△×□が書ける。
			13	１筆書きのひらがなが自分で書ける。
			14	２筆書きのひらがなが自分で書ける。
			15	自分の名まえがひらがなで書ける。
			16	３筆書きのひらがなが書ける。
			17	ひらがなの清音が見てみんな書ける。
			18	ひらがなの清音が見ないでみんな書ける。
			19	ひらがなの濁音・半濁音が見ないで書ける。

			20	2音節の単語が10以上自分で書ける。
			21	2音節の単語が30以上自分で書ける。
			22	3音節の単語が10以上書ける。
			23	4音節の単語が10以上書ける。
			24	長音の単語がいくつか書ける。
			25	促音の単語がいくつか書ける。
			26	拗音の単語がいくつか書ける。
			27	拗長音の単語がいくつか書ける。
			28	拗促音の単語が書ける。
			29	長音・促音・拗音・拗長音・拗促音の合成語が書ける。
			30	かたかなの清音がいくつか書ける。
			31	かたかなの清音がみんな書ける。
			32	かたかなの濁音・半濁音が書ける。
			33	かたかなの長音が書ける。
			34	かたかなの促音が書ける。
			35	かたかなの拗音が書ける。
			36	かたかなの拗長音が書ける。
			37	かたかなの拗促音が書ける。

			38	かたかなの長音・促音・拗音・拗長音・拗促音の合成語が書ける。
			39	2語文が書ける。（ひらがな）
			40	3語文が書ける。（ひらがな）
			41	4語文が書ける。（ひらがな）
			42	2センテンスの文が書ける。
			43	3センテンスの文が書ける。
			44	4センテンスの文が書ける。
			45	数センテンスの文が書ける。
			46	句読点を打つことができる。
			47	会話の部分に、「　」を書くことができる。
			48	1画2画の漢字がいくつか書ける。
			49	2画以上の漢字がいくつか書ける。
			50	3画以上の漢字がいくつか書ける。
			51	筆順のだいたいがわかる。
			52	漢字が30以上書ける。
			53	漢字が50以上書ける。
			54	漢字が100以上書ける。
			55	漢字が200以上書ける。

			56	ひらがなで、自分がしたことを思い出して順序よく「……ました。……ました。」と数センテンス書くことができる。
			57	かたかなや漢字を使って数センテンスの作文が書ける。
			58	短い時間の体験を切りとって、題をつけて、読む人にわかるように書くことができる。
			59	会話を入れて書くことができる。
			60	「……ました。……ました。」と書いていくなかに、必要なところに「……です。……ます。」と説明を入れることができる。
			61	いちばん言いたいことを話すように、詩の形で書くことができる。
			62	感動した体験の中心を詩の形で書くことができる。
			63	書くことを自分で決めて 400字以上書くことができる。
			64	書くことを自分で決めて 800字以上書くことができる。
			65	はじめ・なか・おわりを考えて作文を書くことができる。
			66	段落ごとに１字下げで原稿用紙に作文を書くことができる。
			67	したこと、見たこと、聞いたこと、思ったことを入れて長い作文を書くことができる。
			68	書いたものを読みかえし、まちがいに気づいて表現を推敲することができる。
			69	友だちの作文のよいところや不十分なところを指摘することができる。
			70	説明するように「……です。……ます。」で作文を書くことができる。
			71	作文や詩を書いて、自分や自分たちの生活をよく考えることができる。

			72	かなり長い間にわたることをまとめて書くことができる。
			73	散文とはちがう気持ちで詩を書くことができる。
			74	自分の気持ちにぴったりしたことばと表現で詩を書くことができる。
			75	礼儀正しく心のこもった手紙を書くことができる。
			76	よこ書きの文や文章を書くことができる。
			77	正しい送り仮名・仮名づかいで書くことができる。
			78	記録・メモをとることができる。
			79	日誌・報告書・書式のある書類・履歴書などを書くことができる。
			80	毛筆で大きな字や小さな字を書くことができる。

(6)　ローマ字

			1	ローマ字があることがわかる。
			2	「Ａ・Ｉ・Ｕ・Ｅ・Ｏ」が読める。
			3	「ＫＡ」行が読める。
			4	「ＳＡ」行が読める。
			5	「ＴＡ」行が読める。
			6	「ＮＡ」行が読める。
			7	「ＨＡ」行が読める。

			8	「ＭＡ」行が読める。
			9	「ＹＡ」行が読める。
			10	「ＲＡ」行が読める。
			11	「ＷＡ」行が読める。
			12	「ＧＡ」「ＺＡ」「ＤＡ」「ＢＡ」「ＰＡ」行が読める。
			13	「Ｎ」・促音・長音が読める。
			14	拗音・拗長音が読める。
			15	小文字が読める。
			16	自分の名まえが読める。（イニシアルがわかる。ＮＨＫ・ＰＴＡなどの略語がわかる）
			17	筆記体の大文字が読める。
			18	筆記体の小文字が読める。
			19	大文字で自分の氏名が書ける。
			20	筆記体で自分の氏名が書ける。（頭文字が大文字で）

(7) 読　書

			1	自分ですきな単行本を読むことができる。
			2	すきな本をすすんで読む。（ごんぎつね・一つの花・たつの子太郎など）
			3	日本の文学者の名まえが数人わかる。（北原白秋・松谷みよ子など）

			4	外国の文学者の名まえが数人わかる。（アンデルセン・グリムなど）

II 算数

(1) 数

			1	「１、２、３」と言える。
			2	具体物（おはじきや紙に書いた円など）を指さしながら「１、２、３」と言える。
			3	１つおくと「１」と言え、２つおくと「２」と言え、３つおくと「３」と言える。
			4	「１、２、３、４、５」と言える。
			5	具体物を指さしながら「１、２、３、４、５」と数えられる。
			6	いろいろな具体物で１から５まで数えられる。
			7	１から10までの数が言える。
			8	タイルや他の具体物を指さしながら10まで数えられる。
			9	１から10までの数字が読める。
			10	１から３までの数字カードが順に並べられる。
			11	１から５までの数字カードが順に並べられる。

			12	１から10までの数字カードが順に並べられる。
			13	１から10までの数字カードで、カルタとりをして正しくとることができる。
			14	１から10まで、指を出した数がすぐ言える。
			15	「１こ、２こ、３こ……10こ」と数えられる。
			16	「１本、２本、３本……10本」と数えられる。
			17	「１さつ、２さつ、３さつ……10さつ」と数えられる。
			18	「１ぱい、２はい、３ばい……10ぱい」と数えられる。
			19	「１台、２台、３台……10台」と数えられる。
			20	「１枚、２枚、３枚……10枚」と数えられる。
			21	「１ぴき、２ひき、３びき……10ぴき」と数えられる。
			22	「１才、２才、３才……10才」と数えられる。
			23	「１日、２日、３日……10日」と数えられる。
			24	「１回、２回、３回……10回」と数えられる。
			25	「１等、２等、３等……10等」と数えられる。
			26	「１時、２時、３時……12時」と数えられる。
			27	「１月、２月、３月……12月」と数えられる。
			28	「ひとり、ふたり、３人……10人」と数えられる。
			29	「ひとつ、ふたつ、みっつ……とお」と数えられる。

			30	「1のつぎは、4のつぎは、……7のつぎは」などと聞くとつぎの数が言える。
			31	1、2、3の数字が書ける。
			32	5までの数字が書ける。
			33	10までの数字が書ける。
			34	10までの数を数えて数字が書ける。（○○○——$\boxed{3}$、♧♧♧♧♧♧——$\boxed{6}$など）
			35	1から5までの数の多い少ないがわかる。（5が4より多い、3は4より少ない）
			36	1から10までの数の多い少ないがわかる。（9が7より多い、6は8より少ない）
			37	「同じ」ということがわかる。（8と8は同じ）
			38	1から10までの数が逆に言える。
			39	「9のまえは」「7のまえは」「6のまえは」というような問題に答えられる。

(2)　足し算

			1	「1たす1は」「1たす2は」と言うときの「たす」の意味がわかる。
			2	「たす」「あわせる」「いっしょにする」「くわえる」「ぜんぶで」「みんなで」などが同義語であることがわかる。
			3	1から5までの足し算が具体物を使ってできる。
			4	1から5までの足し算が具体物を使わないでできる。
			5	「1＋4＝」というような問題の5までの答が書ける。
			6	「$\begin{array}{r} 1 \\ +5 \\ \hline \end{array}$」というような問題の5までの答が書ける。

			7	「1と3は○」「1と4で□」……というような問題の5までの答が書ける。
			8	1から9までの数の足し算が具体物を使ってできる。(答が10まで)
			9	1から9までの数の足し算が具体物を使わないでできる。(答が10まで)
			10	「6＋2＝」というような問題の10までの答が書ける。
			11	「 $\begin{array}{r} 3 \\ +7 \\ \hline \end{array}$ 」というような問題の10までの答が書ける。
			12	「4と3は□」「5と4で□」……というような問題の10までの答が書ける。
			13	「4に3をたすと」「4に5をくわえると」「3と5をあわせると」というような足し算のいろいろな表現がわかり、答がいえる。
			14	「あかいはなが3つ、しろいはなが2つあります。はなはみんなでいくつありますか」というような文章題の式と答が書ける。
			15	「あかいはなが5つ、しろいはなが5つあります。はなはみんなでいくつありますか」というような文章題の式と答が書ける。
			16	1から9までの足し算が、1分間に5題くらいの速さでできる。

(3)　引き算

			1	「2から1をとると、のこりは」「3から2をひくと、のこりは」という意味がわかる。
			2	1から5までの数の多い方から小さい方を引く答が具体物でわかる。
			3	1から5までの数の多い方から小さい方を引く答が具体物を使わないでわかる。

			4	１から10までの数の多い方から小さい方を引く答が具体物でわかる。
			5	１から10までの数の多い方から小さい方を引く答が具体物を使わないでわかる。
			6	「４－２＝」というような問題の答が書ける。
			7	「$\begin{array}{r} 4 \\ -2 \\ \hline \end{array}$」というような問題の答が書ける。
			8	「９－２＝」というような問題の答が書ける。
			9	「$\begin{array}{r} 9 \\ -2 \\ \hline \end{array}$」というような問題の答が書ける。
			10	「７から２をひくと」「８から５をとると」というような引き算のいろいろな表現がわかり、答がいえる。
			11	「おはじきが５つあります。２つとるといくつになりますか」というような文章題の式と答が書ける。
			12	「あかいはなが５つ、しろいはなが４つさいています。どちらがいくつおおいですか。どちらがいくつすくないですか」というような文章題の式と答が書ける。
			13	「おはじきが10こあります。６ことると、のこりはいくつですか」というような文章題の式と答が書ける。
			14	「あかいはなが９こさいています。しろいはなが６こさいています。どちらがなんこおおいですか。どちらがなんこすくないですか」というような文章題の式と答が書ける。
			15	「$\begin{array}{r} 10 \\ -2 \\ \hline \end{array}$」「８－６＝」のような引き算の問題が１分間に５題くらいの速さでできる。

(4)　数の合成分解

			1	２を分けるといくつといくつになるかがわかる。
			2	３を分けるといくつといくつになるかがわかる。

			3	４を分けるといくつといくつになるかがわかる。（１と３、２と２）
			4	５を分けるといくつといくつになるかがわかる。（１と４、２と３）
			5	５までの数で「４は１と○」「５は２と○」というような問題の答えがわかる。
			6	６を分けるといくつといくつになるかがわかる。（いくつも答えられる）
			7	７を分けるといくつといくつになるかがわかる。（いくつも答えられる）
			8	８を分けるといくつといくつになるかがわかる。（いくつも答えられる）
			9	９を分けるといくつといくつになるかがわかる。（いくつも答えられる）
			10	10を分けるといくつといくつになるかがわかる。（いくつも答えられる）
			11	「６は２と○」「８は４と○」「９は１と○」というような口答で出した問題に、正しく速く答えられる。

(5)　０（ゼロ）の理解

			1	０（ゼロ）ということがわかる。
			2	「れい」ということばが０の意味で使える。
			3	「５、４、３、２、１、０」と唱えることができる。
			4	０の足し算がわかる。（１＋０＝１、５＋０＝５など）
			5	０の引き算がわかる。（１－０＝１、５－０＝５など）
			6	10までの数で０の足し算や引き算の問題がわかる。（10＋０＝10、９－０＝９など）
			7	同じ数から同じ数を引けば０になることがわかる。（８－８＝０、６－６＝０など）

			8	0を使う文章題がわかる。(「みかんが3つありました。3つたべるといくつになりますか」など)

(6)　10以上100までの数の理解

			1	1から100までの数が言える。
			2	2位数の数字の1位のくらいと10位のくらいの数がわかる。
			3	2位数の数字の「多い少ない、大きい小さい、同じ」がわかる。
			4	10、20、30、40、50と10とびの数が 100まで言える。
			5	1から100までの数字が書ける。
			6	100から0まで逆に言える。
			7	10ずつのまとまりになった物がいくつかあるとき、その数がわかる。
			8	10ずつのまとまりになった物がいくつかあって、その端数があるとき、全体の数がわかる。
			9	「38は、10が3つと1が8つ」「74は、10が7つと1が4つ」というように言える。
			10	数字が漢数字で書ける。(28……二十八、91……九十一……など)

(7)　2位数のくり上がりのない足し算

			1	「10＋1＝11」「10＋2＝12」……「10＋9＝19」であることがわかる。
			2	「20＋1＝21」「30＋2＝32」……「90＋9＝99」であることがわかる。
			3	「11＋1＝12」「11＋2＝13」……「11＋8＝19」であることがわかる。

			4	「21＋1＝22」「21＋2＝23」……「21＋8＝29」であることがわかる。
			5	「10＋10＝20」「10＋20＝30」……「10＋80＝90」であることがわかる。
			6	「11＋11＝22」「11＋22＝33」……「11＋88＝99」であることがわかる。
			7	くり上がらないたて計算の2位数の問題がわかる。 $\left(\begin{array}{r}33\\+\ 3\\\hline\end{array}\quad\begin{array}{r}41\\+13\\\hline\end{array}\quad\begin{array}{r}57\\+10\\\hline\end{array}\right)$ など
			8	2位数のくり上がりのない足し算の文章題がわかり、正しく式と答が書ける。（「子どもが13人いました。そこへまた4人きました。みんなでなん人になりましたか」など）

(8)　くり上がりのない3つの数の足し算

			1	「1＋1＋1＝3」「3＋3＋3＝9」などができる。
			2	「2＋1＋3＝6」「4＋1＋1＝6」などができる。
			3	「4＋0＋5＝9」「3＋4＋0＝7」などができる。
			4	「10＋10＋10＝30」「20＋20＋20＝60」などができる。
			5	「11＋11＋11＝33」「12＋12＋12＝36」などができる。
			6	くり上がらない3つの数のいろいろな足し算ができる。 $\left(\begin{array}{r}11\\21\\+34\\\hline\end{array}\quad\begin{array}{r}50\\12\\+34\\\hline\end{array}\right)$ など
			7	くり上がらない3つの数の足し算の文章題がわかり、正しく式と答を書くことができる。

(9)　1位数のくり上がりのある足し算

			1	「5＋5＝10」「5＋6＝11」……「5＋10＝15」ということが具体物でわかり、問題に正しく答が書ける。

			2	「6＋5＝」「7＋5＝」という問題が具体物でわかり、正しく答が書ける。
			3	くり上がりの理解ができる。
			4	6＋5の場合、5から4をとって6に加えると10という2位数ができることがわかる。
			5	9までの数を使ったくり上がりの足し算ができる。（9＋6、7＋8など）
			6	9までの数を使ったくり上がりの足し算が、たて書きの計算でできる。 $\left(\begin{array}{r}6\\+9\\\hline\end{array}\quad\begin{array}{r}8\\+7\\\hline\end{array}\right)$
			7	9までの数を使ったくり上がりの足し算の答えが暗算で言える。
			8	1位数のくり上がりのある足し算の文章題ができる。（「男の子が8人女の子が6人います。みんなでなん人いますか」など）

(10)　2位数と1位数のくり上がりのある足し算

			1	$\begin{array}{r}15\\+\ 8\\\hline\end{array}\quad\begin{array}{r}17\\+\ 9\\\hline\end{array}\quad\begin{array}{r}65\\+\ 7\\\hline\end{array}\quad\begin{array}{r}84\\+\ 6\\\hline\end{array}$ などの計算ができる。
			2	2位数と1位数のくり上がりのある足し算の内容と計算の方法がわかる。
			3	$\begin{array}{r}9\\+26\\\hline\end{array}\quad\begin{array}{r}8\\+38\\\hline\end{array}\quad\begin{array}{r}7\\+77\\\hline\end{array}\quad\begin{array}{r}6\\+89\\\hline\end{array}$ などの計算ができる。
			4	2位数と1位数のくり上がりのある足し算のよこ書きの計算問題に正しく答が書ける。（66＋7＝、49＋5＝、9＋83＝、など）
			5	2位数と1位数のくり上がりのある足し算の文章題がわかり、正しく式と答が書ける。（「子どもが16人あそんでいました。そこにまた8人きました。みんなでなん人になりましたか」「子どもが6人いました。そこへ35人きました。みんなでなん人になりましたか」など）

(11)　２位数から１位数を引く、くり下がりのない引き算

			1	「12－１＝11」「13－１＝12」「48－３＝45」「29－６＝23」などができる。
			2	２位数から１位数を引く、くり下がりのないたて書きの計算問題ができる。$\left(\begin{array}{r}14\\-\ 2\\\hline\end{array}\quad\begin{array}{r}85\\-\ 4\\\hline\end{array}\right)$
			3	２位数から１位数を引く、くり下がりのない文章題がわかり、正しく式と答えを書くことができる。（「おはじきを36こもっていました。４こなくしました。いまなんこもっていますか」など）

(12)　２位数から２位数を引く、くり下がりのない引き算

			1	「38－21＝17」「49－25＝24」などができる。
			2	たて書きの計算問題ができる。$\left(\begin{array}{r}68\\-27\\\hline\end{array}\quad\begin{array}{r}75\\-34\\\hline\end{array}\right)$ など
			3	２位数から２位数を引く、くり下がりのない引き算をする文章題ができる。

(13)　２位数から１位数を引く、くり下がりのある引き算

			1	「11－６＝５」「14－８＝６」などの問題ができる。
			2	「34－９＝25」「66－８＝58」などの問題ができる。
			3	たて書きの計算ができる。
			4	２位数から１位数を引く、くり下がりのある引き算をする文章題ができる。

(14)　2位数と2位数を加える、くり上がりのある足し算

			1	「35＋49＝84」「64＋29＝93」などの問題ができる。
			2	たて書きの計算ができる。
			3	文章題ができる。

(15)　2位数から2位数を引く、くり下がりのある引き算

			1	「46－17＝29」「72－39＝33」などの問題ができる。
			2	たて書きの計算ができる。
			3	文章題ができる。

(16)　2位数の3つのくり上がりのある足し算

			1	「16＋38＋25＝」「24＋29＋17＝」などの問題ができる。
			2	たて書きの計算ができる。
			3	文章題ができる。

(17)　3位数と1位数、2位数、3位数のくり上がる足し算

			1	「 246＋ 8 ＝」「 356＋ 7 ＝」などができる。

			2	「 134+17=」「 248+25=」などができる。
			3	「 415+ 136=」「 526+ 148=」などができる。
			4	「 268+69=」「 387+96=」などができる。
			5	「 479+ 185=」「 675+ 198=」などができる。
			6	たて書きの計算ができる。
			7	文章題ができる。

(18)　3位数から1位数、2位数、3位数を引く、くり下がりのある引き算

			1	「 163－ 8 =」「 284－ 9 =」などができる。
			2	「 184－29=」「 365－38=」などができる。
			3	「 418－ 135=」「 629－ 243=」などができる。
			4	「 360－ 295=」「 770－ 498=」などができる。
			5	「 401－ 147=」「 804－ 698=」などができる。
			6	たて書きの計算ができる。
			7	文章題ができる。

(19)　2位数の3つの足し算や引き算

			1	「48+29－57=」「37+38－69=」などができる。

			2	「80−37−18=」「94−46−17=」などができる。
			3	「71−32+26=」「40−39+74=」などができる。
			4	2回のたて書きの計算ができる。
			5	文章題ができる。

(20)　3位数の3つの足し算や引き算

			1	「 495+ 198− 267=」「 396+ 278− 377=」などができる。
			2	「 947− 359+ 285=」「 805− 498+ 265=」などができる。
			3	「 800− 208− 308=」「 900− 405− 200=」などができる。
			4	2回のたて書きの計算ができる。
			5	文章題ができる。

(21)　4位数の足し算・引き算

			1	「1090+1363+2398=」「3485+2908+3095=」などができる。
			2	「7950−1298+3526=」「8491−7563+4269=」などができる。
			3	「1000−29− 435=」「1000− 368− 475=」などができる。
			4	「3060−1205− 209=」「8040−4805−1985=」などができる。

(22)　かけ算

			1	5の段の九九が言える。
			2	5の段のかけ算ができる。
			3	2の段の九九が言える。
			4	2の段のかけ算ができる。
			5	3の段の九九が言える。
			6	3の段のかけ算ができる。
			7	4の段の九九が言える。
			8	4の段のかけ算ができる。
			9	6の段の九九が言える。
			10	6の段のかけ算ができる。
			11	7の段の九九が言える。
			12	7の段のかけ算ができる。
			13	8の段の九九が言える。
			14	8の段のかけ算ができる。
			15	9の段の九九が言える。
			16	9の段のかけ算ができる。

			17	1位数のかけ算を使う文章題ができる。
			18	2位数に1位数をかけるかけ算ができる。
			19	3位数に1位数をかけるかけ算ができる。
			20	2位数に2位数をかけるかけ算ができる。
			21	3位数に3位数をかけるかけ算ができる。

(23)　わり算

			1	「4÷2＝2」「6÷2＝3」「18÷2＝9」などができる。
			2	「9÷3＝3」「15÷3＝5」「24÷3＝8」などができる。
			3	九九を使って、簡単にできるわり算がみんなできる。
			4	あまりのあるわり算ができる。（9÷7＝、27÷4＝、など）
			5	$2\overline{)\,15}$　$3\overline{)\,17}$　$7\overline{)\,58}$　などができる。
			6	商が2位数になるわり算ができる。
			7	商が2位数になり、あまりのあるわり算ができる。
			8	商が3位数になるわり算ができる。
			9	2位数でわるわり算ができる。
			10	2位数でわるわり算のあまりの出るわり算ができる。
			11	わり算を使う文章題ができる。

			12	少数点を打つ商の出るわり算ができる。

(24)　分数・少数

			1	半分が$\frac{1}{2}$であることがわかり、$\frac{1}{2}$と書くことができる。
			2	$\frac{1}{3}$、$\frac{1}{4}$ ……$\frac{1}{10}$などがわかり、書くことができる。
			3	3つにわけた2つは$\frac{2}{3}$ということがわかり、書くことができる。
			4	分子、分母の名称がわかる。
			5	$\frac{1}{2}$は 0.5であることがわかる。$\frac{1}{10}$は 0.1であることがわかる。
			6	分数を少数にしたり、少数を分数にしたりすることができる。

(25)　長　さ

			1	1㎝、5㎝、10㎝、30㎝、1m、2m、5mなどがどのくらいの長さであるかがわかる。
			2	10m、100m、1㎞、5㎞がどのくらいの長さであるかがわかる。
			3	30㎝のものさしや巻尺で、長さをはかることができる。
			4	1㎝＝10㎜、1m＝100㎝、1㎞＝1000mであることがわかる。
			5	学校からあるところまでの距離の見当がつけられる。

(26)　面　積

			1	1㎠、1㎡、1㎢がどのくらいの広さであるかがわかる。
			2	正方形、長方形の面積を計算することができる。
			3	三角形の面積、円の面積が求められる。

(27)　体　積

			1	1㎤、1㎥がどのくらいの体積であるかがわかる。
			2	1ℓは10㎤であることがわかる。

(28)　重　さ

			1	「ばねばかり」「上ざらてんびん」で重さがはかれる。
			2	100ｇ、1kg、10kg、20kg、30kg、50kgがどのくらいの重さであるかがわかる。
			3	1kgは1000ｇであることがわかる。
			4	体重計その他で重さをはかることができる。

(29)　時　間

			1	時計の何時何分がわかる。

			2	１時間は60分、１分は60秒、１日は24時間であること、毎月の日数、月数、１年間の日数などがわかる。

(30)　文章題

			1	足し算、引き算、かけ算、わり算、分数、少数、単位などを使って計算する文章題に正しく式と答を書くことができる。

(31)　用具・用語・金銭

			1	三角定規で線をひくことができる。
			2	ものさしできまった長さの線をひくことができる。（５cm、７cm、10cm、20cmなど)
			3	点から点まで、ものさしをあてて線をひくことができる。
			4	コンパスで円をかくことができる。
			5	分度器で角度をはかることができる。
			6	はかりで重さをはかることができる。
			7	巻尺で長さをはかることができる。
			8	直径・半径を考えて運動場に円をかくことができる。
			9	ストップウオッチを使うことができる。
			10	計算機を使うことができる。
			11	「和・差・積・商」ということばの意味がわかる。

			12	「平行・垂直・正方形・正三角形・円・だ円」ということばの意味がわかる。
			13	折れ線グラフ・棒グラフ・円グラフを見て理解できる。
			14	「未満・以上・以下・無限・平方・立方」などの意味がわかる。
			15	「比例する」「正比例・反比例」という意味がわかる。
			16	「%（パーセント）」の意味がわかる。
			17	金銭のことがわかる。
				（イ）10円、100円の硬貨がわかる。
				（ロ）１円、５円の硬貨がわかる。
				（ハ）500円の硬貨がわかる。
				（ニ）千円、５千円、１万円の紙幣がわかる。
				（ホ）１円、５円、10円、100円、500円、千円、５千円、１万円の関係がわかる。（５円２個で10円、10円10個で100円、100円10個で千円、千円札10枚で１万円であることなど）
				（ヘ）硬貨や紙幣をいっしょにして、26,495円などと金額を数えることができる。
				（ト）アイスクリーム、ノート、おり紙、鉛筆などのねだんがわかり買うことができる。
				（チ）運動靴、服、自転車など、やや高い品物のだいたいのねだんがわかる。
				（リ）１種類の物を買い、千円札からいくらおつりがくるかわかる。
				（ヌ）２種類、３種類の物を買い、千円札からいくらおつりがくるかわかる。
				（ル）千円以上の買い物をして１万円札からいくらおつりがくるかわかる。

III 社 会 科

(1) 家 庭

			1	お母さんのそばによってくる。
			2	お母さんと遊ぶ。
			3	自分からお母さんと手をつなぐ。
			4	お母さんの簡単な指示に従う。
			5	お父さんのそばによってくる。
			6	お父さんと遊ぶ。
			7	自分からお父さんと手をつなぐ。
			8	お父さんの簡単な指示に従う。
			9	きょうだいと親しむ。
			10	きょうだいと遊ぶ。
			11	兄や姉の簡単な指示に従う。

			12	おじいさんやおばあさんと親しむ。
			13	家族全体と親しむ。
			14	親類の人と親しむ。
			15	親類の人の指示に従う。
			16	近所の人たちと親しむ。
			17	１人で遊ぶ。
			18	数人の子どもたちと遊ぶ。
			19	自分の名まえがわかる。
			20	自分の名まえが言える。
			21	お父さんの名まえがわかる。
			22	お父さんの名まえが言える。
			23	お母さんの名まえがわかる。
			24	お母さんの名まえが言える。
			25	家族のものの名まえがわかる。
			26	家族のものの名まえが言える。
			27	祖父母、父母、兄弟姉妹の関係がわかる。
			28	お母さんはどんな仕事をしているかがわかる。
			29	お母さんの仕事の話ができる。（ごはんつくったり、せんたくしたりする。会社にいってる、など）

			30	お父さんはどんな仕事をしているかがわかる。
			31	お父さんの仕事の話ができる。（会社にいってる。お店で、さかなを売っている。など）
			32	家族のものがどんなことをしているかがわかる。（にいさんは……。ねえさんは……。）
			33	家族のものの持ち物がわかる。（衣類・くつ・かばん、など）
			34	近所の人がわかる。（むかいの人の名まえやとなりの人の名まえなど）
			35	近所の人の家がわかる。
			36	近所の人の家に行って、帰ってくることができる。
			37	見たいテレビの番組がある。
			38	テレビをつける。
			39	テレビを消す。
			40	テレビのチャンネルをまわす。
			41	テレビの音量を調節できる。
			42	遊んだもののあとかたづけができる。
			43	電話に出て話すことができる。
			44	ダイヤルをまわして電話がかけられる。
			45	配膳の手伝いができる。
			46	食器のあとかたづけの手伝いができる。
			47	玄関に人が来たら出ていってあいさつすることができる。

			48	玄関のくつをそろえることができる。
			49	お父さんに新聞をもってくることができる。
			50	窓を開けたり閉めたりすることができる。
			51	家のそうじの手伝いができる。
			52	人がきたらお茶などをもっていくことができる。
			53	自分のシャツ・くつした・服などがどこにあるかがわかり、自分でとることができる。
			54	家庭のいろいろなものがどこにあるかがわかり、使うことができ、もとのところに置くことができる。
			55	金魚や小鳥などの世話ができる。
			56	洗濯の手順がわかる。
			57	ガス・マッチが使える。
			58	台所の仕事ができる。
			59	ゴミの処理のしかたがわかる。
			60	カメラが扱える。
			61	郵便を出しに行ったり、簡単な買い物をしたりすることができる。
			62	自分で病院に行くことができる。
			63	家の用事が乗り物（バス・電車）を使ってできる。
			64	自分で銀行に預金しに行ったり、おろしに行ったりすることができる。
			65	電話帳を調べて電話をかけることができる。

			66	家計の状態がだいたいわかる。
			67	生理の手あてが自分でできる。

(2) 学　校

			1	お母さんやお父さんといっしょに喜んで学校に行ける。
			2	近所の子どもたちと学校に行ける。
			3	１人で学校に行ける。
			4	担任の先生に親しむ。
			5	担任の先生と遊ぶ。
			6	担任の先生の指示がわかる。
			7	担任の先生の簡単な指示に従う。
			8	クラスの友だちと親しむ。
			9	クラスの友だちの名まえがわかる。
			10	クラスの友だちの名まえが言える。
			11	クラスの友だちと遊ぶ。
			12	上級生や下級生と親しむ。
			13	上級生や下級生の名まえがわかる。
			14	上級生や下級生の名まえが言える。

			15	上級生や下級生と遊ぶ。
			16	多くの先生と親しむ。
			17	多くの先生と話ができる。
			18	自分の教室がわかる。
			19	自分のくつばこ・かさたてがわかる。
			20	便所やロッカーがわかる。
			21	職員室・保健室・校長室・給食室・事務室・体育館がわかる。
			22	クラスの友だちのお母さんがわかる。
			23	学校で世話になる人がわかる。(交通擁護員など)
			24	普通学級の友だちと親しむ。
			25	普通学級の友だちと遊ぶ。
			26	いっしょに教室のそうじをする。
			27	給食の用意をする。
			28	起立・礼・着席がわかる。
			29	起立・礼・着席の号令をかけることができる。
			30	全校朝会・避難訓練・遠足・運動会などに喜んで参加する。
			31	自分のかかりの仕事がわかる。
			32	自分のかかりの仕事がきちんとできる。

			33	１年間の学校行事のだいたいがわかる。（始業式・入学式・対面式・給食・健康診断〈内科・歯科・眼科〉・離任式・遠足・委員紹介・避難訓練・運動会・家庭訪問・移動教室・社会科見学・大掃除・音楽鑑賞・音楽会・演劇鑑賞・学芸会・スポーツテスト・歯みがき訓練・プールびらき・開校記念日・短縮授業・終業式・卒業式・卒業祝賀会・夏休み・冬休み・春休み・ＰＴＡなど）
			34	時間割がわかる。
			35	職員室や事務室へのおつかいができる。
			36	児童会委員・生徒会委員のことがわかり、選挙で選ぶことができる。
			37	児童会委員・生徒会委員の役員になって仕事ができる。
			38	言いたいことは、理由をあげてはっきり主張する。
			39	１年間の祝祭日がわかる。

(3)　学区域

			1	家から学校までの大きな建物・店などがわかる。
			2	学校から家までの道順のだいたいを話すことができる。
			3	絵地図を見て、現地と結びつけて理解することができる。
			4	家から学校までの絵地図が書ける。
			5	友だちの家がわかる。
			6	絵地図で、友だちの家がどのへんにあるかがわかる。

			7	絵地図で、公園・駅・お寺・お宮・病院・消防署・交番・警察署・銀行・郵便局・工場・百貨店・新聞社・役所・中学校・高校・幼稚園・保育園などのあるところがわかる。
			8	学区域内の絵地図が書ける。（川・橋・山などが入れられる）
			9	絵地図に大きな建物を入れて書くことができる。
			10	学区域内を自由に歩いて自分の家に帰ることができる。
			11	大人のしている仕事がいくつか言える。（お店・会社員・農業・漁業・公務員など）
			12	大人の職業が10以上言える。
			13	お店屋さんごっこができる。
			14	ほんとうの店でお金を出して買うことができる。
			15	学区域内のお店屋さんの名まえがたくさん言える。（花屋・そば屋・肉屋・薬屋・クリーニング屋・とうふ屋・かんぶつ屋・電気屋・すし屋など）
			16	どんなものがどんな店にあるかがわかる。（さかな・りんご・えんぴつ・シャツ・本・でんち・米・パン・茶わん・くつ・自転車など）
			17	使うとき買うものと、買っておくものがあることがわかる。
			18	店はどんな工夫をしているかがわかる。
			19	さかな屋さんや八百屋さんなどは、品物をどこから持ってきているかがわかる。
			20	どの店には、いつごろお客さんが多いかがわかる。
			21	よく使う物のだいたいのねだんがわかる。

			22	近所の店のようすが変わっていくことがわかる。（スーパーができたりして）

(4) 職　業

			1	農業とはどんなものかがわかる。
			2	米はどのようにして作るかがわかる。（なえを育てる、田おこし、田うえ、肥料をやる、いねの病気をふせぐ、害虫をふせぐ、台風の心配、気温の心配、草とり、稲かり、だっこく、農協、米屋 ──→家庭）
			3	畑の作物にはどんなものがあるかがわかる。（キャベツ・にんじん・だいこん・なす・きゅうり・かぼちゃ・じゃがいも・さつまいもなど）
			4	いつごろ種まきして、いつごろとれるかがわかる。
			5	くだもののとれるときがわかる。（みかん・りんご・ぶどう・もも・かきなど）
			6	ビニールハウスで作るものがわかる。
			7	漁業について、だいたいのことがわかる。（遠海・近海・養殖など）
			8	工業についてだいたいのことがわかる。（自動車工場・ガラス工場・木工場・製造業のいろいろ）
			9	林業についてだいたいわかる。
			10	郵便局の仕事がだいたいわかる。
			11	銀行の仕事がだいたいがわかる。
			12	新聞・放送の仕事がだいたいがわかる。
			13	学校についてだいたいがわかる。（小・中・高・専門学校・単科大学・国立・私立の総合大学）

			14	警察の仕事がだいたいわかる。
			15	病院の仕事がだいたいわかる。
			16	役所の仕事がだいたいわかる。
			17	消防署の仕事がだいたいわかる。
			18	交通・運輸のことがだいたいわかる。（運賃など）
			19	寺院・神社のことがだいたいわかる。
			20	会社・官庁には、○長、部長、課長などがいることがわかる。
			21	福祉行政のことがだいたいわかる。
			22	税金のことがだいたいわかる。
			23	保険のことがだいたいわかる。
			24	喫茶店・レストランによったり、映画を見たり、スポーツ施設・動物園・博物館・展覧会・図書館に行ったり利用したりすることができる。
			25	いろいろな宗教があることがわかる。
			26	公害のことについてだいたいわかる。
			27	アンケートなどに答えることができる。
			28	文化団体・スポーツ団体・自主的サークル（少年団・学童クラブ・青年学級など）に参加することができる。
			29	いろいろの人がいろいろの仕事をしていて、社会ができていることがわかる。
			30	いろいろの職業についてどんな勤務・苦労・喜びがあるかがわかる。

(5)　町・市・区・県・国・世界・歴史

			1	町・市・県の地図のだいたいがわかる。
			2	役場・市役所・区役所・県庁のあるところ、市・町・村がわかる。
			3	道路・鉄道・バス路線・駅名・飛行場などがわかる。
			4	山・川・平野・半島・湖・湾・台地・島・住宅地・商業地・工場街などがわかる。
			5	あるところまでの行き方、時間・経費などがわかる。
			6	日本の地図のだいたいがわかる。（北海道・本州・四国・九州・南西諸島）
			7	各都道府県名がわかる。
			8	各都道府県の中心の都市とその他の都市がわかる。
			9	日本の南と北の気候の特徴がわかる。
			10	日本のまわりの海がわかる。
			11	日本の鉄道がわかる。
			12	飛行場がわかる。
			13	日本の主な山・川・平野・半島・湖・湾・海峡・台地・盆地・島がわかる。
			14	日本各地の主な産物がわかる。
			15	日本各地の子どもたちの生活の特徴がわかる。（山の子、海辺の子など）
			16	世界の主な国の名まえ・首都がわかる。

			17	大陸の名まえ・海・山・半島・川・平野・湖・湾・海峡・島の主な名前がわかる。
			18	世界地図・地球儀で北極・南極・赤道・気候がわかり、各国の生活のようすのだいたいを考えることができる。
			19	明治・大正・昭和の年代がだいたいわかる。
			20	明治以前の時代がだいたいわかる。
			21	古代・奈良時代・平安時代・鎌倉時代・室町時代・安土桃山時代・江戸時代・明治時代・大正時代・昭和時代の大きなできごとがわかる。
			22	歴史上の主な人物がわかる。
			23	日本国憲法のだいたいがわかる。
			24	三権分立の考え方がわかる。
			25	国会についてだいたいがわかる。
			26	地方自治体のだいたいがわかる。
			27	内閣のだいたいがわかる。
			28	裁判所のだいたいがわかる。
			29	民主主義のだいたいがわかる。（言論表現の自由の保障と住民自治・議会制）
			30	選挙のことがだいたいわかる。
			31	人に左右されないで、自分の考えで選挙をすることができる。
			32	人権の大切さがわかる。
			33	平和の大切さがわかる。

Ⅳ　理　科

(1)　植　物

			1	「花」がわかり「はな」と言える。
			2	「木」がわかり「き」と言える。
			3	「草」がわかり「くさ」と言える。
			4	「葉」がわかり「は・はっぱ」と言える。
			5	木にも草にも花がさくことがわかる。
			6	木にも草にも葉があることがわかる。
			7	「根」がわかり「ね・ねっこ」と言える。
			8	「枝」がわかり「えだ」と言える。
			9	「茎」がわかり「くき」と言える。
			10	「幹」がわかり「みき」と言える。
			11	「実」がわかり「み」と言える。

			12	「種子」がわかり「たね」と言える。
			13	木も草も根は土のなかにあることがわかる。
			14	花にはいろいろの色があることがわかる。
			15	花は種類によって形がいろいろちがうことがわかる。
			16	葉は種類によって形がいろいろちがうことがわかる。
			17	花（草）の名まえが、３つほど言える。（チューリップ・アサガオ・ヒマワリなど）
			18	木の名まえが３つほど言える。（サクラ・イチョウ・マツなど）
			19	つぼみから花になることがわかり「つぼみ」と言える。
			20	花から実になり、種子ができることがわかる。
			21	種から芽が出ることがわかり「め」と言える。
			22	葉で遊ぶ。（イチョウなど）
			23	花で遊ぶ。（ホウセンカなど）
			24	実で遊ぶ。（ドングリなど）
			25	植物は食べられることがわかる。（葉・実・茎・根・花・種子）
			26	葉を食べるものがわかる。（キャベツ・ホウレンソウなど）
			27	実を食べるものがわかる。（カキ・ブドウなど）
			28	幹・茎を食べるものがわかる。（セロリ・タケノコなど）
			29	根を食べるものがわかる。（サツマイモ・ゴボウなど）

			30	花を食べるものがわかる。（フキノトウ・ブロッコリなど）
			31	種子を食べるものがわかる。（アズキ・ソラマメなど）
			32	花には「はなびら」と「めしべ」と「おしべ」と「がく」があることがわかる。
			33	四季によって、木や草のようすがちがうことがわかる。
			34	四季によって、咲く花がちがうことがわかる。
			35	生きているものと、枯れているものがわかる。
			36	植物は根から水をすっていることがわかる。
			37	葉は日光の方に向くことがわかる。
			38	木や草が育つには水・日光・肥料がいることがわかる。
			39	はなびらには、いろいろちがうものがあることがわかる。（合弁・離弁）
			40	草花の名まえが10以上わかる。（キク・スイセン・ユリ・パンジー・カンナ・コスモス・ヒガンバナ・ナノハナ・サクラソウ・シクラメンなど）
			41	木の名まえが10以上わかる。（ヤナギ・ツバキ・クワ・ネム・スギ・ムクゲ・カエデ・ウメ・ミカン・カキなど）
			42	野菜の名まえが10以上わかる。（ナス・トマト・キュウリ・エンドウ・トウモロコシ・シュンギク・ダイコン・ニンジン・ハクサイ・ジャガイモなど）
			43	常緑樹がわかる。（マツ・スギ・モミ・サザンカなど）
			44	落葉樹がわかる。（ケヤキ・スズカケ〈プラタナス〉・ヤナギ・ポプラ・カキなど）
			45	紅葉樹がわかる。（サクラ・カエデ・イチョウ・ハゼなど）

			46	果物のなる木がわかる。（ミカン・リンゴ・ナシ・カキ・バナナ・ビワなど）
			47	果物のとれる草がわかる。（イチゴ・スイカ・メロンなど）
			48	１年のうちに枯れるものと、何年も生きているものがあることがわかる。
			49	植物からいろいろなものが作られていることがわかる。
				（イ）酒は米から作る。
				（ロ）ビールはオオムギから作る。
				（ハ）ナタネやゴマから油をとる。
				（ニ）パンはムギから作る。
				（ホ）そばはソバから作る。
				（ヘ）とうふはダイズから作る。
				（ト）こんにゃくはコンニャク芋から作る。
				（チ）ぶどう酒はブドウから作る。
				（リ）ジュースはミカンやリンゴから作る。
				（ヌ）わたはワタの実から作る。
				（ル）むぎわらぼうしはムギから作る。
				（ヲ）そめものはアイなどから作る。
				（ワ）和紙はミツマタ・コウゾなどから作る。
				（カ）洋紙はマツなどから作る。

				（ヨ）たばこはタバコの葉で作る。
				（タ）かとりせんこうはジョチュウギクから作る。
				（レ）くすりを作る。（ゲンノショウコなど）
				（ソ）しょうのうはクスから作る。
			50	木で作るものがわかる。（家・家具・楽器・コケシ・エンピツなど）
			51	草花を育てることができる。（以下パンジーを例に）
				（イ）ビート板・バット・竹ヒゴ・水さし・パンジーの種を用意する。
				（ロ）バットにビート板を入れて、水を入れる。
				（ハ）種を竹ヒゴをぬらして先につけ、ビート板に２～３㎝おきに並べる。
				（ニ）種を竹ヒゴの先でビート板にうめ、まわりのビートをくずしてかぶせる。
				（ホ）種をまいたビート板は直射日光のあたらないところにおく。
				（ヘ）芽が出たら明るいところにおいて、モヤシのようにならないようにする。
				（ト）本葉が、４、５枚出るまで水を苗の上からかけないようにする。
				（チ）水はビート板に水さしでそそぐ。
				（リ）本葉が５、６枚出たころ（10月下旬～11月上旬）鉢にうえる。
				（ヌ）鉢の底に底網をしき、黒土 300cc、腐葉土 200cc、赤玉 200cc、牛糞 300cc、ビートモス 200ccを順次に入れ（ヨーグルトカップは100cc）１回目の移植をする。
				（ル）鉢に土 200cc、肥料、土 300ccを入れ、２回目の移植をする。

				（ヲ）鉢の土を手でおさえつけない。
				（ワ）水は２、３日おきに、土の表面がかわいたころやる。
				（カ）大きくなったら毎日水をやる。
				（ヨ）アブラムシがつかないように通風をよくする。発生したらマラソン乳剤などをかける。
				（タ）かび・斑点・立枯病などにならないようにし、発生したら薬を散布する。
				（レ）連作をさける。
				（ソ）鉢のまわりに追肥する。（エードボール２ｇ）
				（ツ）１月初旬から６月ころまで咲きつづけるように水をやる。
			52	春の七草（カブ〈スズナ〉・ハコベ・セリ・ダイコン〈スズシロ〉・ナズナ・ホトケノザ〈オニタビラコ〉・ハハコグサ〈オギョウ〉）がわかる。
			53	秋の七草（ハギ・クズ・ナデシコ・ススキ・オミナエシ・フジバカマ・キキョウ）がわかる。
			54	「青葉に塩」「まかぬ種ははえぬ」「うり二つ」「木に竹をついだような」などのことわざがわかる。
			55	正月にかざるもの（マツ・タケ・ダイダイなど）がわかる。
			56	節分に使うもの（ヒイラギ）がわかる。
			57	ひなまつりにかざるもの（モモの花）がわかる。
			58	たんごの節句にかざるもの（ショウブ）がわかる。
			59	たなばたに使うもの（タケ）がわかる。
			60	盆にそなえるもの（キキョウ・オミナエシなど）がわかる。

			61	十五夜にかざるもの（ススキ）がわかる。
			62	クリスマスにかざるもの（モミ）がわかる。
			63	ホオズキをならしたり、シロツメクサで首かざりを作ったり、スズメノテッポウや草でふえのようにならしたりイモ版を作ったり、ドングリゴマを作ったり、エノコログサやペンペングサやスベリヒユで遊んだり、ささ舟を作ったり、竹とんぼを作ったりすることができる。
			64	街路樹の名まえがわかる。
			65	植物のいろいろなふえ方がわかる。
			66	植物と昆虫や鳥との関係がわかる。
			67	人体に害のある植物がわかる。（ブタクサ・ハゼ・ウルシなど）
			68	自然保護の大切さがわかる。

(2) 動　物

			1	身近な動物の名まえが言える。（イヌ・ネコ・インコ・金魚など）
			2	害を与えない生き物をこわがらない。（カメ・バッタ・カエルなど）
			3	動物のなき声がわかる。（ウシ・イヌ・ネコ・ヤギ・カラス・ヒツジ・スズメなど）
			4	動物の特徴がわかる。（植物とのちがい）
				（イ）ゾウは大きい。はなが長い。
				（ロ）キリンは首が長い。

				（ハ）ヘビは体が長い。
			5	足の数がわかる。（4本足「ウシ・イヌ」2本足「トリ」）
			6	地上を歩いたり飛んだりするもの（イヌ・ネコなど）がわかる。
			7	地上をはうもの（ヘビ・トカゲなど）がわかる。
			8	空を飛ぶもの（鳥・コウモリ）がわかる。
			9	海・水中を泳ぐもの（魚・クジラ）がわかる。
			10	地中にいるもの（ミミズ・ゴカイなど）がわかる。
			11	生き物のいろいろな住んでいる場所がわかる。
			12	食べるものがわかる。（肉食・草食・雑食）
			13	くらし方がわかる。（家族で・むれを作っている、など。）
			14	けものの種類が10以上わかる。
			15	魚の種類が10以上わかる。
			16	鳥の種類が5以上わかる。
			17	昆虫の種類が5以上わかる。
			18	貝の種類がいくつかわかる。
			19	動物は物を食べて、ふんをして、大きくなることがわかる。
			20	動物の身のまもり方がわかる。（ウマ・ウシ・ライオン・ハチ・カメ・貝・カニ、など）
			21	冬のすごし方がわかる。（冬眠・南へ行く）

			22	成長や変化がわかる。
				（イ）子どもの形で生まれるもの。（ほ乳動物）
				（ロ）たまごからかえるもの。（鳥・カメ）
				（ハ）たまご→幼虫→さなぎ→成虫。（カイコ・チョウ）
			23	オスとメスがいることがわかる。
			24	動物と人間の関係がわかる。（ためになるものとならないもの）
				（イ）ウシ―ミルク・肉・皮、ヒツジ―毛、ブタ―肉など。
				（ロ）魚―食用、鳥―鑑賞、モルモット―実験など。
			25	わたり鳥の種類がわかる。（ツバメ・白鳥など）
			26	害虫・益虫がいることがわかる。
			27	昆虫を育てることができる。
			28	魚を飼うことができる。（クレンザーやねん土は食べないことがわかる）
			29	ウサギ・ニワトリなどの世話ができる。（えさ・水）
			30	動物の体がわかる。（目・口・耳・足・しっぽ・毛・つの・羽・ひれ・触角など）
			31	けものの特徴がわかる。
			32	鳥の特徴がわかる。
			33	昆虫の特徴がわかる。
			34	魚の特徴がわかる。

			35	貝の特徴がわかる。
			36	「たまご→幼虫→さなぎ→成虫」という昆虫の変化がややくわしくわかる。
			37	きのこの種類がいくつかわかる。
			38	かびがはえることがわかる。
			39	大昔の生き物がわかる。
			40	生き物の「死」がわかる。
			41	生命を大切にする環境や条件などについて考えることができる。

(3)　気象・天体

			1	「はれ・くもり・雨」の日がわかる。
			2	「朝・昼・夕方・夜」がわかる。
			3	「太陽」がわかる。
			4	「風」がわかる。
			5	「雲」がわかる。
			6	「ひなた」と「ひかげ」がわかる。
			7	「かげ」がわかる。
			8	太陽のかげは動くことがわかる。
			9	雨の水は、川に流れ、土にしみこみ、空中に蒸発することがわかる。

			10	「台風」がわかる。
			11	「雪」がわかる。
			12	「霜」がわかる。
			13	「霜柱」がわかる。
			14	「氷」がわかる。
			15	「にじ」がわかる。
			16	「かみなり」がわかる。
			17	雪や霜や霜柱や氷はとけて水になることがわかる。
			18	春・夏・秋・冬がわかる。（春はあたたかい。夏はあつい。秋はすずしい。冬はさむい）
			19	寒暖計のめもりがよめる。
			20	夜、月のあることがわかる。
			21	月ははやく出たり、おそく出たりすることがわかる。
			22	月はみちたり、かけたりすることがわかる。
			23	空に星があることがわかる。
			24	星はたくさんあることがわかる。
			25	星の光がちがうことがわかる。
			26	北極星・北斗七星・金星がわかる。
			27	カシオペア・オリオンがわかる。

			28	天の川がわかる。
			29	星は動いていることがわかる。
			30	地球はまるいことがわかる。
			31	引力があることがわかる。
			32	地震があることがわかる。
			33	昼と夜の長さが変化することがわかる。
			34	春・夏・秋・冬と太陽の動きとの関係がわかる。
			35	プラネタリウムを見て楽しむことができる。
			36	地球がまわっていることがわかる。
			37	地球の自転・公転がわかる。
			38	南極・北極・赤道がわかる。
			39	「方位磁針」がわかる。
			40	「上流・中流・下流」の川のようすがわかる。
			41	潮の「みちひ」がわかる。
			42	岩石にはいろいろなものがあることがわかる。
			43	鉄・銅など、石のなかにあるものをとることがわかる。
			44	石油についてだいたいわかる。
			45	石炭についてだいたいわかる。

			46	核についてだいたいわかる。（原子力発電）

(4)　人　体

			1	絵を見て「これはゾウ」「これはサル」と言え、友だちや先生には「人間・人」と言える。
			2	「目・耳・鼻・口・歯・舌・まゆ毛・まつ毛・髪の毛」などがわかり、正しい発音で言える。
			3	「首・肩・胸・せなか・はら」などがわかり、正しい発音で言える。
			4	「腰・へそ・しり・手・足・指」などがわかり、正しい発音で言える。
			5	人体の各部所のはたらきが、いくつか言える。
				（イ）「目」は「見る」ことができる。
				（ロ）「耳」は「聞く」ことができる。
				（ハ）「鼻」は「においをかぐ」ことができる。
				（ニ）「口」は「食べたり、のんだり、話したり、息をしたりする」ことができる。
				（ホ）歯は「かむ」ことができる。
				（ヘ）「舌」は「味を知る」ことができる。
				（ト）「手」は「物をもったり、つかんだり、たたいたり、なでたり、なげたり、かいたりする」ことができる。
				（チ）「足」は「歩いたり、走ったり、けったりする」ことができる。
			6	「血」がわかり「ち」と言える。
			7	「汗」がわかり「あせ」と言える。

			8	「爪」がわかり「つめ」と言える。（動物のつめとのちがい）
			9	5本の指の名まえが言える。
			10	「うで・ひじ・ひざ・もも・手首・足首」がわかり、正しく発音できる。
			11	「ひふ・骨・筋肉」がわかり、正しく発音できる。
			12	体のなかに何があるか、3つ言える。（心臓・胃・肺など）
			13	人体の模型を見て「脳・食道・胃・心臓・肺・腸・肛門」などが言える。
			14	でんぷん・たんぱくしつ・しぼう・カルシウムなどの栄養の要素がわかる。
			15	食道は食べた物を胃にはこぶことがわかる。
			16	胃は食べたものをこなすことがわかる。
			17	腸は食べ物の栄養や水を吸収することがわかる。
			18	肛門は便を外に出すことがわかる。
			19	心臓は血を体中におくり出すことがわかる。
			20	「脈」がわかり、はやく打ったり、おそく打ったりすることがわかる。
			21	「呼吸」がわかり、はやく息をしたり、おそく息をしたりすることがわかる。
			22	肺はよい空気をすって血をきれいにすることがわかる。
			23	骨は体をささえていることがわかる。
			24	筋肉は体を動かすことがわかる。
			25	神経がわかり「しんけい」と言える。（痛みなどで）

			26	血は栄養を運んだり、ばいきんを殺したりすることがわかる。
			27	つばきは食べた物を消化し、運びやすくすることがわかる。
			28	「便」や「尿」は体にいらなくなったものであることがわかる。
			29	「熱」が出るのは病気のときであることがわかる。
			30	病気にならないように気をつけることがいくつかわかる。
			31	体を清潔にすることの大切さがわかり実行する。
			32	運動が大切であることがわかり実行する。
			33	食べ物は何でも食べることが大切であることがわかり、実行する。
			34	食べすぎ、のみすぎはいけないことがわかり、注意する。
			35	早ね、早おきが大切なことがわかり、実行する。
			36	歯みがきが大切であることがわかり、実行する。
			37	暑さ、寒さによって衣類を調節することが大切であることがわかり、実行する。
			38	予防注射が大切であることがわかり、注射をうける。
			39	けがをしたら消毒することがわかる。
			40	あせが出たら、すぐふく。
			41	病気になったら医者に見せ、治療をうける。
			42	いやがらないで診察や検査をうける。
			43	薬をいやがらないでのむ。

			44	病気のとき、どんな具合かが言える。
			45	病気のときは安静にしていることが大切であることがわかる。
			46	運動するときは、けがをしないように注意する。
			47	水泳のとき、事故をおこさないように注意する。
			48	交通事故に注意する。
			49	危ないことがわかり、生活のなかで気をつける。
			50	「脳・腎臓・肝臓・もうちょう・ぼうこう」などのはたらきがわかる。
			51	男と女の体のちがいがわかる。
			52	性器がわかり、大事にする。

(5)　その他（物理・化学分野）

			1	かざぐるまを作って遊ぶ。
			2	やじろべえを作って遊ぶ。
			3	ゴムで動くおもちゃを作って遊ぶ。
			4	しゃぼん玉で遊ぶ。
			5	じしゃくで遊ぶ。
			6	空気でっぽうで遊ぶ。
			7	水でっぽうで遊ぶ。

			8	糸でんわで遊ぶ。
			9	豆電球と電池で遊ぶ。
			10	虫めがねで遊ぶ。（レンズの焦点がわかる）
			11	土は小さな砂・ねん土などからできていることがわかる。
			12	石は形・色・重さのちがいがあることがわかる。
			13	水は溶かすはたらきがあることがわかる。
			14	水は湯気になったり氷になったりすることがわかる。
			15	水に沈むものと浮くものがあることがわかる。
			16	酸性とアルカリ性がわかる。
			17	けんび鏡で見ることができる。
			18	望遠鏡で見ることができる。
			19	音には大きい音・小さい音・高い音・低い音があることがわかる。
			20	音はまっすぐ進み、空気の振動で耳に伝わることがわかる。
			21	音は反射することがわかる。（やまびこ）
			22	光はまっすぐ進み、反射したり屈折したりすることがわかる。
			23	音や光のはやさがわかる。
			24	空気中に酸素があることがわかる。
			25	火は酸素がないと燃えないことがわかる。

			26	物が燃えると二酸化炭素ができることがわかる。
			27	炎は色・明るさ・温度のちがいがあることがわかる。
			28	物は温度によって体積がちがうことがわかる。
			29	電気は伝わるものと伝わらないものがあることがわかる。
			30	電じしゃくを作ることができる。
			31	てこのはたらきがわかる。(大きな力を出すことと支点)
			32	日本や世界の科学者・医者などが数人わかる。（野口英世など)

Ⅴ 体 育

(1) 体の動き・指先の動き

			1	ささえられて、10秒くらいじっと立っていることができる。
			2	声をかけられながら５分くらいじっと立っていることができる。
			3	１人で１分くらいじっと立っていることができる。
			4	１人で５分くらいじっと立っていることができる。
			5	１人で10分以上じっと立っていることができる。
			6	号令で「気をつけ」「休め」ができる。
			7	自分の並ぶところがわかる。
			8	「前にならえ」ができる。
			9	グー・チョキ・パーの指が模倣して出せる。
			10	グー・チョキ・パーの指が自分の意志で出せる。
			11	指を１本ずつ曲げたり伸ばしたりすることができる。

			12	「きつね」が作れる。
			13	スプーンが上手に使える。
			14	はしが上手に使える。
			15	バナナやみかんの皮をむくことができる。
			16	鉛筆が正しく持てる。
			17	蛇口を開けたり閉じたりすることができる。
			18	物のふたをまわしてとり、まわしてしめることができる。
			19	ひき出しを開けたり閉じたり、箱を開けたりふたをしたりすることができる。
			20	スイッチが入れられる。
			21	コンセントをさし込むことができる。
			22	ひもが結べる。
			23	おもちゃのねじをまくことができる。
			24	本のページを１ページ１ページめくることができる。
			25	茶わんや皿を上手に持つことができる。
			26	盆にのせ上手に持っていくことができる。
			27	傘をひろげたりたたんだりすることができる。
			28	ひもとおしができる。
			29	手をこすって洗うことができる。

			30	舌を前に出すことができる。
			31	舌で唇をなめることができる。
			32	ストローで吹いたり、のんだりすることができる。
			33	片目をとじることができる。
			34	栓ぬきを使って栓をぬくことができる。
			35	かんづめを開けることができる。
			36	レコードやカセットをかけたり、止めたりすることができる。
			37	音楽に合わせて、模倣して体を動かすことができる。
			38	調子よくリズムにのって体を動かすことができる。
			39	簡単な遊戯ができる。
			40	３分くらいのくりかえしの動作のある遊戯ができる。
			41	簡単なフォークダンスができる。
			42	集団でフォークダンスを楽しむことができる。

(2)　歩く・走る・跳ぶ

			1	１人で100m以上歩くことができる。
			2	100mくらい先の目的地に歩いていくことができる。
			3	列からはずれないように並んで歩くことができる。

			4	20段くらいの階段をのぼることができる。
			5	30分以上歩きつづけることができる。
			6	1時間くらい歩きつづけることができる。
			7	2kmくらい歩くことができる。
			8	5kmくらい歩くことができる。
			9	大人と手をつないで走ることができる。
			10	目的に向かって、50mくらいまっすぐ走って行くことができる。
			11	スタートラインに並んで、合図でいっしょに走り出すことができる。
			12	腕をまげて振りながら走ることができる。
			13	50mを15秒くらいで走ることができる。
			14	300mくらいつづけて走ることができる。
			15	スキップができる。
			16	横歩きができる。
			17	うしろ歩きができる。
			18	動物の歩き方ができる。
			19	両足をそろえて、10cmくらいの高いところからとび降りることができる。
			20	30cmくらいの高さからとび降りることができる。
			21	両足をそろえて、ぴょんぴょんとぶことができる。

			22	片足けんけんができる。（右）
			23	片足けんけんができる。（左）
			24	３ｍ以上、片足けんけんですすむことができる。
			25	走ってきて10㎝くらいの高さをとびこえることができる。
			26	走ってきて50㎝くらいの高さをとびこえることができる。
			27	両足をそろえて、とんで前に進んでいくことができる。
			28	両足をそろえて、50㎝くらい前にとぶことができる。
			29	走ってきて、片足ふみきりで50㎝以上とぶことができる。
			30	走ってきて、１ｍ以上とぶことができる。
			31	とび箱に、手をついて乗り、とびおりることができる。
			32	走ってきて２段のとび箱に上がり、とびおりることができる。
			33	３段のとび箱で、とび上がりおりができる。
			34	開脚でとび乗り、前にとびおりることができる。
			35	開脚とびができる。
			36	１人でトランポリンでとぶことができる。
			37	トランポリンで、高く何度もとび上がることができる。
			38	トランポリンで、すわったり、立ったりしながらつづけることができる。

(3)　ボール

			1	大きなボールを前にころがすことができる。
			2	大きなボールを前にほうり出すようにして投げることができる。
			3	右手、または左手で投げることができる。
			4	力を入れて投げることができる。
			5	３ｍ以上投げることができる。
			6	５ｍ以上投げることができる。
			7	近いところから与えた大きなボールを胸に両手でとることができる。
			8	50㎝くらいはなれたところからゆっくり投げたボールをとることができる。
			9	１ｍくらいのところから投げたボールをとることができる。
			10	少しスピードのある大きなボールをとることができる。
			11	両手だけでとることができる。
			12	１ｍくらいのところから投げた小さなボールをとることができる。
			13	少しスピードのある小さなボールを両手でとることができる。
			14	５ｍくらいのところから投げたボールをとることができる。
			15	キャッチボールができる。
			16	ボールをけることができる。

			17	ボールを強くけることができる。
			18	ボールを自分が思う方向にけることができる。
			19	ボールを足でとめることができる。
			20	ころがってきたボールをけり返すことができる。
			21	ボールをつづけて下につくことができる。
			22	自分でボールを高く上にあげて受けとることができる。
			23	グローブで野球のボールをとることができる。
			24	野球のボールで、グローブでキャッチボールができる。
			25	バットで打つことができる。
			26	簡単なルールで野球あそびができる。
			27	バスケットボールをリングに入れることができる。
			28	バスケットボールを楽しむことができる。
			29	ラケットでピンポンの玉を打つことができる。
			30	打たれてきたピンポンの玉を打ちかえすことができる。
			31	ピンポンのゲームがわかる。
			32	ピンポンをして楽しむことができる。
			33	ふうせんバレーができる。
			34	バレーボールを打つことができる。

			35	バレーボールをサーブして入れることができる。
			36	バレーボールを受けかえすことができる。
			37	バレーボールを楽しむことができる。
			38	ドッジボールを楽しむことができる。
			39	サッカーを楽しむことができる。

(4)　平均台・バランス・マット

			1	平均台の上に立つことができる。
			2	平均台の上を、介助されてすり足で進むことができる。
			3	平均台の上を、介助されて歩くことができる。
			4	平均台の上を１人で歩くことができる。
			5	横向きで歩くことができる。
			6	後ろ歩きができる。
			7	方向転換して歩くことができる。（まわれ右）
			8	片足で目を閉じて少し立っていられる。
			9	片足で目を閉じて10秒くらい立っていられる。
			10	坂になっている平均台の上をのぼって行くことができる。
			11	となりの平均台に乗り移ることができる。

			12	片足けんけんで平均台の上を進むことができる。
			13	平均台の上を動物の歩き方で進むことができる。
			14	平均台の上で片足で立って体を前にたおし、両手をひろげ、足をうしろにのばすことができる。
			15	マットの上で、楽しく遊ぶことができる。
			16	マットの上にねて、右にころがったり、左にころがったりすることができる。
			17	マットの上で、ねたまま上体を起こしたり足をあげたりすることができる。
			18	ひざを両手でかかえるようにして、前後にごろんごろんと、ゆりかごのような運動ができる。
			19	両手をつき、頭をついて、前にごろりと回転することができる。
			20	連続で上の運動が何回もできる。
			21	ねていて、足をあげ、反動をつけて後ろに回転することができる。

(5)　のぼり棒・鉄棒

			1	のぼり棒を両手でにぎることができる。
			2	頭より高いところを両手でしっかりつかむことができる。
			3	足や体をささえられて棒にしがみつくことができる。
			4	介助されながら手や足を上にあげることができる。
			5	１人で棒にしがみついていることができる。（５秒くらい）
			6	１人で２、３歩のぼることができる。

			7	１人で半分くらいまでのぼることができる。
			8	１人でいちばん上までのぼり、静かにおりることができる。
			9	両手で鉄棒にぶらさがることができる。
			10	両手でつかまって体をふることができる。
			11	鉄棒の上にとび上がることができる。
			12	鉄棒の上で５秒くらい静止することができる。
			13	とび上がり、とびおりができる。
			14	とび上がって、介助されながら前まわりができる。
			15	１人で前まわりができる。
			16	介助されて逆上がりができる。
			17	１人で逆上がりができる。
			18	逆上がり、前まわりおりができる。
			19	片足をかけて、体をふることができる。
			20	片足をかけて、体をふって上がることができる。
			21	連続して逆上がり前まわりができる。

(6)　水　泳

			1	腰洗場で体を沈めることができる。

			2	シャワーにかかることができる。
			3	介助されてプールにはいることができる。
			4	１人でプールにはいることができる。
			5	水のなかで歩くことができる。
			6	水かけっこができる。
			7	肩まで水に沈むことができる。
			8	顔を水につけようとすることができる。
			9	顔を水につけることができる。（２秒くらい）
			10	耳まで沈むことができる。
			11	頭まで沈むことができる。
			12	プールサイドにつかまって、顔をあげてバタ足をすることができる。
			13	顔を水に入れてバタ足をすることができる。（５秒くらい）
			14	ヘルパーをつけ、ビート板を使って、バタ足で進むことができる。
			15	顔をつけて進み、息つぎができる。
			16	１人で、バタ足で１ｍくらい泳ぐことができる。
			17	２ｍ泳ぐことができる。
			18	５ｍ泳ぐことができる。
			19	クロールで５ｍくらい泳ぐことができる。

			20	クロールで、息つぎをして泳ぐことができる。
			21	クロールで10m以上泳ぐことができる。
			22	平泳ぎができる。
			23	背泳ぎができる。

(7)　ラジオ体操・その他

			1	両手をあげて深呼吸をすることができる。
			2	ラジオ体操を最後まで模倣してやろうとする。
			3	ラジオ体操が半分くらいまで１人でできる。
			4	ラジオ体操が終わりまで１人でできる。
			5	うつぶせになり、５秒くらい飛行機ができる。
			6	あおむけになって足を上にあげることができる。(90°)
			7	60°くらいにあげることができる。（５秒くらい）
			8	45°くらいにあげることができる。（10秒くらい）
			9	ブリッジができる。
			10	うさぎとびができる。
			11	かえるとびができる。
			12	手おし車をやってもらって、腕で前へ歩ける。

			13	手おし車で、足をもって歩ける。
			14	片足ずもうができる。
			15	各種のスポーツテストがうけられる。
			16	各種の団体競技に参加できる。（玉入れ・つな引き・棒引き・騎馬戦・リレーなど)
			17	組体操ができる。
			18	運動会などで係の仕事ができる。（スターター・審判など)

VI 音 楽

(1) 身体表現

			1	音に関心をもち、音のする方を向く。
			2	リズムのある音を聞くと体を動かして楽しむ。
			3	リズムに合わせて歩くことができる。
			4	音楽に合わせて、手で拍子打ちができる。
			5	同じ調子でつづけて手をたたくことができる。
			6	2拍子打ちができる。
			7	3拍子打ちができる。
			8	リズムに合わせて、走ったり歩いたりすることができる。
			9	音楽に合わせて、手を振ったり、とんだり、首を動かしたりすることができる。
			10	音楽に合わせて、簡単な模倣動作ができる。（ぞうさん・ちょうちょ、など)
			11	模倣しながら「むすんで、ひらいて」ができる。

			12	模倣しながら「大きなくりの木の下で」ができる。
			13	模倣しながら「げんこつ山のたぬきさん」ができる。
			14	音楽に合わせて自分で簡単な遊戯ができる。（むすんでひらいて、など）
			15	音楽に合わせて「頭・かた・ひざ・ポン」「こぶじいさん」の模倣行動ができる。
			16	音楽に合わせて「はたけ」「おべんとうばこ」の模倣ができる。
			17	「夕やけ小やけ」の簡単なダンスができる。
			18	「握手でこんにちは」が歌いながらできる。
			19	動物のいろいろな模倣表現ができる。
			20	音楽に合わせて、動物の模倣表現ができる。
			21	運動会でする遊戯が模倣してできる。
			22	運動会でする遊戯が自分１人でできる。
			23	動物や乗り物などを表す音を聞いて、創造的な身体表現ができる。

(2) 歌　唱

			1	長く「あー」という声を出すことができる。
			2	断続的に「あ・あ・あ・あ・あ……」と声を出すことができる。
			3	歌にはならないが、口を開けて歌う要領を表す。
			4	歌詞と曲は合わないが、伴奏に合わせて声を出す。

			5	簡単な歌が伴奏に合わせて歌える。（さいた、さいた、チューリップの花が……など）
			6	だいたい音程に合わせて声が出せる。
			7	簡単な歌が伴奏に合わせて、だいたい音程に合った歌い方ができる。
			8	いくつか歌詞をおぼえて１人で歌うことができる。
			9	よい姿勢で口を大きく開けて歌うことができる。
			10	みんなといっしょに声を合わせて歌うことができる。
			11	好きな歌をよい発音で、リズムとメロディーに合わせて歌うことができる。
			12	どなり声や小さすぎる声でなく、きれいな声を出そうとして歌うことができる。
			13	歌詞の内容を理解して歌うことができる。
			14	みんなといっしょに歌うことを楽しむことができる。
			15	２部合唱ができる。

(3)　演　奏

			1	息をふくことができる。（机の上の小さく切った紙きれをふき散らしたりする）
			2	「ぐるぐるピー」をふいて楽しむことができる。
			3	ハーモニカで音を出すことができる。
			4	おもちゃのラッパをふくことができる。
			5	ピアニカのホースの口をくわえてふくことができる。

			6	ピアニカの音を出すことができる。
			7	指で各所をおさえ、ピアニカの音を出して、音を楽しむことができる。
			8	ド・レ・ミの３音が介助されて出せる。
			9	ド・レ・ミの３音が自分で出せる。
			10	ド・レ・ミ・ファ・ソの５音が介助されて出せる。
			11	ド・レ・ミ・ファ・ソの５音が自分で出せる。
			12	「ド・レ・ミ。ド・レ・ミ」と２回つづけて出せる。
			13	「ド・レ・ミ・ファ・ソ。ド・レ・ミ・ファ・ソ」と２回つづけて出せる。
			14	「ド・レ・ミ・ファ・ソ・ラ・シ・ド」の８音が介助されて出せる。
			15	「ド・レ・ミ・ファ・ソ・ラ・シ・ド」の８音を自分で出せる。
			16	「ド・レ・ミ・ファ・ソ・ラ・シ・ド・ド・シ・ラ・ソ・ファ・ミ・レ・ド」と介助されて出せる。
			17	「ド・レ・ミ・ファ・ソ・ラ・シ・ド・ド・シ・ラ・ソ・ファ・ミ・レ・ド」と自分で出せる。
			18	簡単な曲が介助されてひける。
			19	リズムと息入れが一致するようにしてひける。
			20	「かえるのうた」「チューリップ」が介助されてひける。
			21	「かえるのうた」「チューリップ」が自分でひける。
			22	「きらきらぼし」「ゆうやけこやけ」が介助されてひける。
			23	「きらきらぼし」「ゆうやけこやけ」が自分でひける。

			24	いろいろな知っている歌が音符の文字を見ながらひける。
			25	「みなと」「こいのぼり」が音符の文字を見ないでひける。
			26	「かたつむり」「たき火」が音符の文字を見ないでひける。
			27	いろいろな歌が音符の文字を見ないでひける。
			28	カスタネットを持つことができる。
			29	カスタネットがたたける。
			30	カスタネットが手のひらでつづけてたたける。
			31	音楽を聞いて、模倣してカスタネットを打つこができる。
			32	歌に合わせて、カスタネットを自由に打つことができる。
			33	音楽を聞いて、模倣して、リズムに合わせて、カスタネットを打つことができる。
			34	強弱・強弱と打てる。
			35	3拍子が打てる。
			36	4拍子が打てる。
			37	伴奏に合わせ、絵譜を見ながら、介助されてカスタネットなどを打つことができる。
			38	伴奏に合わせ、絵譜を見ながら、自分でカスタネットなどを打つことができる。
			39	タンバリンやトライアングルを自由に打つことができる。
			40	タンバリンやトライアングルを伴奏に合わせて、絵譜を見ながら介助されて打つことができる。
			41	タンバリンやトライアングルを伴奏に合わせて、絵譜を見ながら自分で打つことができる。

			42	自分のパート演奏ができる。
			43	大だいこのパートができる。
			44	小だいこのパートができる。
			45	２種以上の楽器をひくことができ、全体で演奏できる。
			46	合奏のとき、簡単なピアノ伴奏ができる。

(4)　鑑賞・その他

			1	高い音、低い音がわかる。
			2	音による、集まれ・立て・すわれなどの指示に従って行動できる。
			3	和音をきいて、気をつけ・礼・なおれができる。
			4	音によって楽器を知ることができる。
			5	いろいろな楽器の名まえがわかる。
			6	音楽を楽しんで聞くことができる。
			7	音楽を静かに聞くことができる。
			8	音楽をきいて、場面を想像し、それを話すことができる。
			9	音楽会で合唱することができる。
			10	たくさんの人の前で、すきな歌を歌うことができる。
			11	音楽会で演奏することができる。

			12	オーケストラを静かに楽しんで聞くことができる。
			13	オーケストラの曲名と作曲家がいくつかわかる。
			14	洋楽の楽器の名まえがいくつかわかる。
			15	邦楽の楽器の名まえがいくつかわかる。
			16	楽譜のいろいろな記号がわかる。

おんぷと　きごう

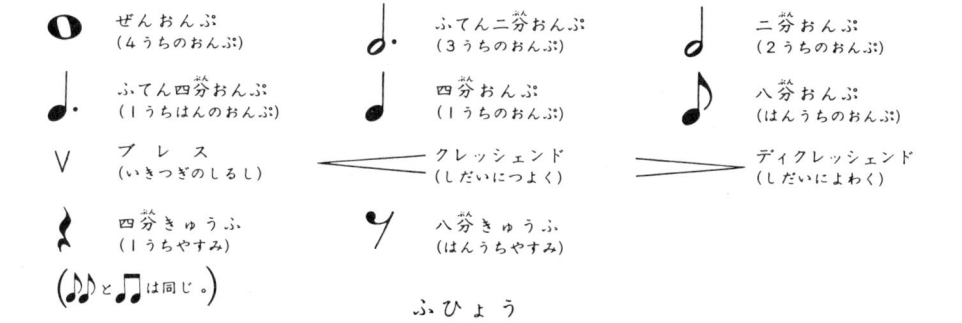

ぜんおんぷ
(4うちのおんぷ)

ふてん二分《ぶん》おんぷ
(3うちのおんぷ)

二分《ぶん》おんぷ
(2うちのおんぷ)

ふてん四分《ぶん》おんぷ
(1うちはんのおんぷ)

四分《ぶん》おんぷ
(1うちのおんぷ)

八分《ぶん》おんぷ
(はんうちのおんぷ)

V ブレス
(いきつぎのしるし)

クレッシェンド
(しだいにつよく)

ディクレッシェンド
(しだいによわく)

四分《ぶん》きゅうふ
(1うちやすみ)

八分《ぶん》きゅうふ
(はんうちやすみ)

(♪♪と♫は同じ。)

ふひょう

おんぷやきごうをかき入れるのにつかう，5本のせんと音のきごうからできているひょうのことをふひょうといい，上にいくほど，音が高くなっています。5せんは，「せん」と「かん」のくみあわせでできており，左はしに**トおんきごう**をつけて，音のよみかたをきめます。

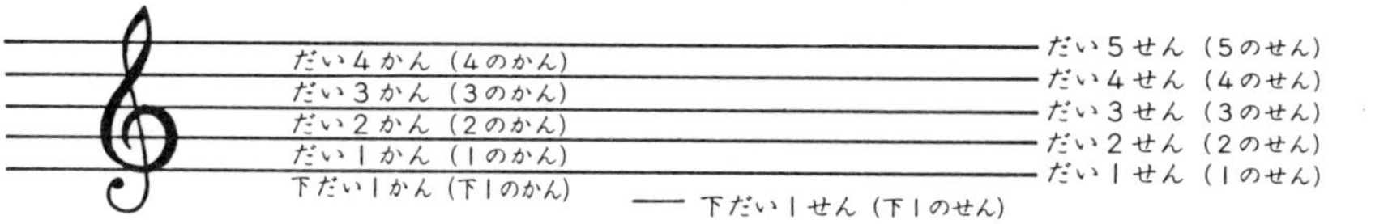

トおんきごう

▶だい2せんを「ト音」(そ) として，ほかの音のいちをきめるしるしです。

(5せんだけではたらないとき，だい1せんの下に，みじかいせんをたします。これが下だい1せんです。)

Ⅶ 図 工

(1) 描 画

			1	クレヨンで画用紙に何かかこうとする。
			2	クレヨンで画用紙に何本か線をひくことができる。
			3	クレヨンで画用紙に左右に動かして線をつづけてかくことができる。
			4	クレヨンで画用紙にタテ・ヨコ・ななめなどのいろいろな線をかくことができる。
			5	いろいろな色のクヨレンを使うことができる。
			6	円をつづけてかくことができる。（ぐるぐるがき)
			7	円を１つかくことができる。
			8	大きい円、小さい円を意識的にかくことができる。
			9	×印をかくことができる。
			10	三角をかくことができる。
			11	四角な形をかくことができる。

			12	円や三角や四角のなかに色をぬることができる。
			13	円や三角や四角のなかに外にはみ出さないように色をぬることができる。
			14	「目・口」などと指示されて人の顔の形をかくことができる。
			15	自分で人の顔だとわかる絵をかくことができる。
			16	人の顔に髪の毛や体をつけることができる。（頭足の形）
			17	人の顔に髪の毛、体、手、足をつけることができる。（胴体のある形）
			18	人物を何人も楽しんでかくことができる。（ママ・パパ・自分など）
			19	物の形をかことうする。（りんご・いちご・ドラエモンなど）
			20	ぶらんこ・テレビ・電車などを意識してかくことができる。
			21	何をかいているかわかるような絵をいくつかかくことができる。
			22	色の名まえがいくつかわかって言える。（あか・みどり・あお・くろ、など）
			23	色の名まえがたくさんわかって言える。
			24	物の形に色を区別してぬろうとする。
			25	かこうとするものにだいたいあう色をえらんでぬることができる。
			26	きりん・ぞう・にわとり・金魚などが、それらしく色をぬってかくことができる。
			27	あじさい・きく・チューリップなどが、それらしく色をぬってかくことができる。
			28	絵にかきたいものを考えることができる。
			29	物語になるような絵をかくことができる。

			30	いつも同じ絵をかかないで、いろいろな課題に応じてかくことができる。
			31	運動場・自分の家のなか・教室のなかなどを写生することができる。
			32	陰影がつけられる。（顔などをべたぬりしない）
			33	絵の具を使って水彩画がかける。

(2)　粘土・その他

			1	砂や土をさわって楽しむ。
			2	砂場で、山や川をつくって楽しむ。
			3	容器に入れて型を作る。
			4	ねん土をいじる。
			5	ねん土をちぎることができる。
			6	ねん土をこねることができる。
			7	おだんごを、まるめながら作ることができる。
			8	へびの形を作ることができる。
			9	ねん土で好きなものを考えて作ることができる。（顔・皿、など）
			10	ねん土で立体的なものを作ることができる。（コップ・ぞう、など）
			11	ねん土を糸で切ることができる。
			12	へらを使うことができる。

			13	いろいろなものを、それらしく作ることができる。
			14	紙をやぶることができる。
			15	紙を折ることができる。
			16	おり紙を２つにうまく折ることができる。
			17	おり紙を４つにうまく折ることができる。
			18	簡単な折り紙細工を模倣しながら作ることができる。
			19	船や、やっこさんを作ることができる。
			20	指につけたのりをのばすことができる。
			21	１人でのりを指につけてのばすことができる。
			22	のりをつけた紙をはることができる。
			23	１人で適切な大きさに紙をちぎって、場所を考えてはることができる。
			24	はり紙で、チューリップやあじさいなどを作ることができる。
			25	先をひらいたはさみで紙を切ることができる。
			26	自分ではさみの先をひらき紙を切ることができる。
			27	紙を直線に切って、先にすすませて切ることができる。
			28	三角や四角の紙に切ることができる。
			29	円の形のものを線にそって切ることができる。
			30	いろいろな形を線にそってうまく切ることができる。

			31	いろいろの材質の紙を切ることができる。
			32	ぬのを切ることができる。
			33	介助されて、刃物をもつことができる。
			34	刃のところと背のところがわかる。
			35	紙を折って、折り目にそって切ることができる。
			36	ナイフで鉛筆をけずることができる。
			37	彫刻刀を使うことができる。
			38	のこぎりを使うことができる。
			39	金づちでくぎを打つことができる。
			40	ペンチでくぎを抜いたり、針金を切ったりすることができる。
			41	かんなでけずることができる。
			42	きりで穴をあけることができる。
			43	紙版画ができる。
			44	木版画ができる。
			45	いろいろな材質を使って物を作ることができる。（おめん・たこ、など）
			46	集団で計画し共同で作品を作ることができる。（はり絵など）
			47	木工・金工ができる。
			48	日本や外国の画家が数人わかる。

Ⅷ 家庭科

			1	気温や季節によって着るものがちがうことがわかる。
			2	よごれたものを着ない。
			3	ハンカチその他小さな衣類が指示されながら洗たくできる。
			4	洗剤の使い方がわかり、適切に使って洗たくができる。
			5	日常着の整理・整とんの仕方がわかり、実行できる。
			6	針に糸を通すことができる。
			7	玉結びができる。
			8	なみぬいができる。
			9	玉どめができる。
			10	ボタンを付けることができる。
			11	アップリケを作り、ぬいつけることができる。

			12	小物入れを作ることができる。
			13	目的に応じて、採寸することができる。
			14	目的に応じて、裁断することができる。
			15	ぞうきんをぬって作ることができる。
			16	ミシンの直線ぬいができる。
			17	ミシンに糸をかけることができる。
			18	へら・まちばり・針・はさみなどの安全な扱い方ができる。
			19	野菜の生食・ゆで卵などの簡単な料理ができる。
			20	油いためができる。
			21	人数と作る量のだいたいがわかる。
			22	食品の洗い方がわかる。
			23	食品の切り方がわかる。
			24	加熱の仕方がわかる。
			25	味のつけ方がわかる。
			26	盛り付けがうまくできる。
			27	調理が手順よくできる。
			28	用具の衛生的な扱い方ができる。
			29	火気の安全な扱いができる。

			30	部屋のそうじができる。
			31	ほうき・ちりとり・ぞうきんなどがうまく使用できる。
			32	電気そうじ機が使用できる。
			33	ゴミの処理ができる。
			34	家庭のなかでの自分の役割がわかり、家庭の仕事に協力できる。
			35	家庭の一員として、よい生活ができる。
			36	ほころびなどは自分で直すことができる。
			37	エプロン・ジャンパースカート・ナップザックなど、作り方を見て、材料を求め、作ることができる。
			38	まつりぬい・ミシンぬいなど、ぬい方を考えてぬうことができる。
			39	簡単なししゅうができる。
			40	栄養を考えた食品のとり方がわかる。
			41	米飯を作ることができる。
			42	みそ汁を作ることができる。
			43	サンドイッチを作ることができる。
			44	コーヒー・紅茶が用意できる。
			45	じゃがいも料理・魚のにつけなどができる。
			46	冷暖房用具を安全に扱うことができる。
			47	健康な住まいについて考えることができる。

			48	金銭の収支記録がつけられる。
			49	室内の美化を考えることができる。
			50	男女の民主的な生活のあり方を考えることができる。
			51	親・兄弟・親類などに対して、よい接し方ができる。
			52	結婚式・葬儀・祭祀などに行ったとき、よい態度がとれる。
			53	近所の人たちとのよいつき合いができる。

Ⅸ　生活勉強・認識諸能力・道徳的生活

〈生 活 勉 強〉

(1)　人とかかわる力・遊び

			1	動く物を見つめる。
			2	物や人の顔をじっと見る。
			3	音の出る方へ関心を向け、ふり向く。
			4	関心のある方へ歩いて行く。
			5	食べ物を口もとにもっていくと口をあける。
			6	くすぐると笑い、痛いときは泣く。
			7	呼びかけると応答する。（「はい」でなくてよい）
			8	要求があるときは声を出して人の注意をひく。
			9	知っている人に親愛感を表す。
			10	知らない子どもに親愛感を表す。

			11	手をさしのべると、だかれようとする。
			12	受け入れ・拒否を態度に表す。
			13	ほめられると喜び、おこられると泣く。
			14	ほめられようと努力する。
			15	自分の物・人の物がわかる。
			16	落とした物や、ほしい物を探す。
			17	きれい・きたないを感じる。
			18	「ちょうだい」と言って手を出すと持っている物を渡す。
			19	「はい」と言ってあげようとすると手を出す。
			20	「これを○○さんにあげて」と言うと○○さんに渡す。
			21	人といっしょに物を持って運ぶ。
			22	「……をして」と身ぶりで表現できる。(body language)
			23	両手をあげるような大きな模倣ができる。
			24	手をにぎったり、ひらいたりする模倣ができる。
			25	口を大きく開けたり、とがらせたりする口型模倣ができる。
			26	外に出ると、めずらしい物にいろいろ興味を示して見る。
			27	子どもの遊びをじっと見る。
			28	おこられることをわざとして人の注意をひく。

			29	「いない、いない、バー」や机の下で顔を合わせることなどを喜ぶ。
			30	泣きまねをすると心配そうにする。
			31	興味のあることで、自分でできないことは人にしてもらおうとする。
			32	ブラシは頭に、靴下は足に、歯ブラシは口に、帽子は頭にもっていく。
			33	人形やぬいぐるみを喜ぶ。
			34	ミニカーや積木やブロックで遊ぶ。
			35	絵本の興味のあるページを喜んで見る。
			36	「むすんで・ひらいて」「糸まきまき」などを模倣できる。
			37	食べ物とそうでない物を区別する。
			38	食卓の物について、自他のものを区別する。
			39	「目はどれ」「口はどれ」「手はどれ」などときくと教える。
			40	絵本の「車のタイヤはどれ」「ぞうの鼻はどれ」ときくと指さす。
			41	クレヨンや鉛筆で線をかく。
			42	クレヨンや鉛筆で点と点を結ぶ。
			43	クレヨンや鉛筆でたて・よこ・ななめ・曲線などがかける。
			44	クレヨンや鉛筆で大きい円・小さい円・×印などがかける。
			45	顔らしいものをかいて、目や口もかける。
			46	粘土をたたいたり、ちぎったり、まるめたり、伸ばしたりすることができる。

			47	粘土でおかし・へびなどを作る。
			48	絵本を１ページ１ページめくって見る。
			49	積木を高くつんで喜ぶ。
			50	積木でトンネルや門などを作り、ミニカーを走らせたりして遊ぶ。
			51	ままごとで、お父さんやお母さんや子どもの役をする。
			52	お店屋さんごっこをして楽しむ。
			53	かくれんぼをして、かくれたり、さがしたりする。
			54	わなげをして楽しむ。
			55	ブロックを組みたてて車などを作る。
			56	ちぎった紙くずを息で吹きちらす。
			57	笛やラッパを鳴らす。
			58	ろうそくの火を消す。
			59	ストローでのむ。
			60	ハーモニカを鳴らす。
			61	しゃぼん玉をして遊ぶ。
			62	おり紙を折り、ちぎり、やぶる。
			63	ぶらんこを楽しむ。
			64	シーソーをして楽しむ。

			65	すべり台で遊ぶ。
			66	トランポリンで楽しむ。
			67	ボールをけり、なげ、うける。
			68	教師の模倣をして、遊戯をしたり、体操をしたりする。
			69	カスタネットなどを調子よくたたく。
			70	タンバリンやたいこを打って楽しむ。
			71	シャングルジムにのぼる。
			72	平均台の上を歩く。
			73	ハンカチ落しをして楽しむ。
			74	いす取りゲームをして楽しむ。
			75	三輪車にのる。
			76	はさみで紙を切る。
			77	のりをつける。
			78	ホチキスでとめる。
			79	大小便を教える。
			80	１人で小便に行く。
			81	便所のなかに１人でいられる。
			82	ズボン・パンツをさげてかがめる。

			83	便が出おわったことがわかる。
			84	紙を適当な量だけとることができる。
			85	自分でおしりをふいて、きれいにすることができる。
			86	パンツやズボンをあげ、シャツのすそを入れることができる。
			87	水を流し、手を洗うことができる。
			88	水をとめ、ハンカチで手をふき、ポケットにしまうことができる。
			89	じゃんけんができる。（グーパーじゃんができる・グーチョキじゃんができる・パーチョキじゃんができる）
			90	おにごっこができる。
			91	けいどろ（警官とどろぼう）ができる。
			92	簡単な野球ができる。
			93	指でこまを回すことができる。
			94	ひもでこまを回すことができる。
			95	ヨーヨーができる。
			96	おはじきができる。
			97	たこあげができる。
			98	はねつきができる。
			99	簡単なピンポンができる。

			100	石けりができる。
			101	１人でなわとびができる。
			102	２人で回すなわにはいることができる。
			103	自転車に乗ることができる。（補助つき）
			104	補助なしの自転車に乗ることができる。

(2)　１日のながれ

①登校まで

			1	目をさましたら自分で起きる。
			2	ふとんをたたんで、押し入れに入れる。
			3	シーツをたたむ。
			4	ねまきをぬいで着がえる。
			5	ぬいだ衣類をたたむ。
			6	えもんかけにかける。
			7	ズボンをはく。
			8	シャツを着る。
			9	ボタンをかける。
			10	歯ブラシを出して、歯みがき粉（ねり）をつける。
			11	歯をていねいにみがく。

			12	コップに水を入れ、ブクブクして出す。
			13	使った歯ブラシは洗ってもとのところにおく。
			14	指から水がこぼれないようにすくって顔を洗う。
			15	腕やまわりをぬらさないようにして洗う。
			16	タオルで顔をふき、タオルをもとのところにかける。
			17	ブラシで髪をとかす。
			18	食事の前に手を洗う。
			19	スプーンを使って１人で食べる。
			20	こぼさないで食べる。
			21	はしを使って食べる。
			22	かたいものはよくかんで食べる。
			23	食事中、立ち歩かない。
			24	人のものをとって食べない。
			25	落ちたものは食べない。
			26	適当なはやさで食べることができる。
			27	食器をもったり、手をそえたりして食べる。
			28	配膳の手伝いができる。
			29	食器の後片づけの手伝いができる。

			30	安全ピンで名札がとめられる。
			31	靴下のうらおもてがわかり、上下がわかり、うまくはける。
			32	ランドセルが１人でしょえる。
			33	あいさつをして家を出る。
			34	靴を左右正しくはける。
			35	雨ガッパが１人で着られる。
			36	傘が１人でさせ、たたむことができる。
			37	１人で歩いて学校に来る。
			38	信号がわかり、赤では止まり、青でわたる。
			39	道は歩道や左側を歩く。
			40	途中、先生や友だちにあいさつをする。

②学校で

			1	自分の靴箱に靴を入れる。
			2	雨ガッパや傘はきめられたところにおく。
			3	上ばきにはきかえる。
			4	教室に行って、ランドセルをきめられたところにおく。
			5	提出しなければならないものを出す。
			6	椅子について、号令にあわせてあいさつをする。

			7	「今日は○月○日○曜日です」と言える。
			8	「はれ・くもり・雨・雪」がわかり、言える。
			9	授業がうけられる。（教師と１対１で）
			10	一斉授業がうけられる。
			11	聞かれたことにたいして簡単な答が言える。
			12	図工・音楽・体育など授業の用意ができる。
			13	休み時間、先生や友だちと遊ぶことができる。
			14	便所に１人で行ける。
			15	給食の用意を手伝うことができる。
			16	１人で上手に食事ができる。
			17	好き嫌いしないで何でも食べる。
			18	みんなで力を合わせて掃除をすることができる。
			19	ほうきがうまく使える。
			20	ちりとりにちりをとることができる。
			21	ぞうきんを洗うことができる。
			22	ぞうきんをしぼることができる。
			23	ぞうきんで上手にふくことができる。
			24	よごれているところを見つけて、きれいにすることができる。

			25	机をうごかすことができる。
			26	机を並べることができる。
			27	１人で帰る用意をすることができる。
			28	帰りのあいさつができる。
			29	１人で家まで帰ることができる。
			30	帰る途中、より道しないで帰ることができる。

③帰宅後

			1	帰ったときのあいさつをすることができる。
			2	留守のときは、かぎをあけてはいることができる。
			3	留守のときは、危いことしないで家にいることができる。
			4	近所の友だちと遊ぶことができる。
			5	１人で遊ぶことができる。
			6	１人で勉強することができる。
			7	みかんやバナナの皮をむいて食べることができる。
			8	ガスに火をつけることができる。
			9	マッチで火をつけることができる。
			10	好きなテレビの番組を見ることができる。
			11	夕食の用意を手伝うことができる。

			12	食器をながしにはこぶことができる。
			13	食器を洗うことができる。
			14	お茶がつげる。
			15	明日の学校の用意ができる。
			16	ふとんを出して、しける。
			17	シーツがかけられる。
			18	ねまきに着がえることができる。
			19	歯をみがくことができる。
			20	１人でねられる。
			21	ねている途中１人で起きて便所に行くことができる。

④入　浴

			1	風呂にはいる前に便所に行く。
			2	ボタンやファスナーをはずすことができる。
			3	ひもがほどける。
			4	着ているものをぬぐことができる。
			5	ぬいだとき裏になったら表にしておく。
			6	ぬいだものは、たたんで一定のところにおく。
			7	新しい衣類を用意することができる。

			8	自分の衣類はどこにあるかを知っていて出すことができる。
			9	手ぬぐいをもっていく。
			10	湯のかげんをみる。
			11	熱いときは水を入れ、ぬるいときは熱くすることができる。
			12	湯をくみとって、下洗いをする。
			13	足など、よごれている部分を洗う。
			14	おしりや陰部を洗う。
			15	湯槽にしずかにはいる。
			16	手ぬぐいに石けんをつける。
			17	体の各部分を自分で洗う。
			18	せなかが手ぬぐいで洗える。
			19	頭髪を１人で洗うことができる。
			20	手ぬぐいを上手にしぼることができる。
			21	しぼった手ぬぐいで体の各部分をふく。
			22	パンツ・シャツ・服・ねまきを順序よく着る。
			23	着がえたものをそろえておく。
			24	タオルをひろげてかける。
			25	男の子はやや大きくなったら１人ではいる。

			26	歯をみがく。

(3)　あいさつ

			1	自分から「おはようございます」と言える。
			2	「いただきます」が言える。
			3	「ごちそうさまでした」が言える。
			4	「いってまいります」が言える。
			5	「ただいま」が言える。
			6	「ごめんください」が言える。
			7	「こんにちは」が言える。
			8	「さようなら」が言える。
			9	「こんばんは」が言える。
			10	「おやすみなさい」が言える。
			11	「ありがとうございました」が言える。
			12	「ごめんなさい」が言える。
			13	「おめでとうございます」が言える。
			14	「……していいですか」と聞くことができる。
			15	言われたことがよくわからなかったときは、もういちど聞き直すことができる。

(4)　自分のこと

			1	自分は男であるか女であるかがわかる。
			2	自分の名まえが言える。
			3	自分の学校・学年・組が言える。
			4	担任の先生の名まえが言える。
			5	お父さん・お母さんの名まえが言える。
			6	何歳であるかが言える。
			7	誕生日が言える。
			8	はなが出たら自分でかめる。
			9	ハンカチを四つにたためる。
			10	手・足・指・首・頭・目・口・耳・肩・せなかなど、体の部分が言える。
			11	いたいときには「いたい」と言える。
			12	具合がわるいときは「具合がわるい」と言える。
			13	うれしいときには「うれしい」と言える。
			14	返事や肯定のときは「はい」と言える。
			15	否定するときは「いいえ」と言える。
			16	シャツ・セーター・ランドセル・帽子・ハンカチ・ちり紙・ティッシュペーパー・名札・連絡帳・えんぴつ・けしゴム・ノートなど、自分の持ち物の名が言える。

			17	パン・ジャム・野菜・キャベツ・ほうれん草・肉・ソース・しょうゆ・さとう・みかん・りんご・すいか・バナナ・なし・ぶどう・さかな・ケーキ・お菓子の名まえなど、日常自分が食べているものが言える。
			18	ひもが結べる。
			19	ちょう結びができる。
			20	ふろしきやハンカチで物をつつむことができる。
			21	きのう・きょう　あしたがわかる。
			22	友だちの名まえが数人言える。
			23	男の子は「ぼく」と言える。
			24	女の子は「わたし」と言える。
			25	絵を見て「これ何」と聞くと答えられる。
			26	歯の診察や治療がうけられる。
			27	注射をこわがらないでする。
			28	薬を自分でのむ。
			29	病気のときは静かにねている。
			30	草花に水をやる。
			31	金魚などに適量のえさをやる。
			32	紙芝居や劇を静かに見る。
			33	すべり台やぶらんこは並んで順番をまつ。

			34	大きい・小さい・多い・少ない・長い・短い・重い・軽い・高い・低い・あつい・さむい・つめたいなどがわかって言える。
			35	自分がしてほしいことを言葉でいう。
			36	いやなときは「いや」と言う。
			37	自分が言いたいことを言葉で言う。
			38	自分で爪を切ることができる。
			39	まい子になったら交番に行くことができる。

(5)　家のこと

			1	おじいちゃん・おばあちゃん・おとうさん・おかあさん・ねえさん・にいさん・弟・妹・おじさん・おばさんがわかり、正しくよぶことができる。
			2	父・母・きょうだいの名まえが言える。
			3	家の住所番地が言える。
			4	家の電話番号が言える。
			5	両親のつとめ先が言える。
			6	両親に用事があるときは電話をかけることができる。
			7	１時間くらい留守番できる。
			8	お金をもって買いものに行くことができる。
			9	家で遊んだら、あとかたづけをすることができる。

			10	「新聞もってきて」などといわれたら、もってくることができる。
			11	包丁を使って、にんじんなどが切れる。
			12	卵をうまくわることができる。
			13	せんたく物をたたむことができる。
			14	家のそうじを手伝う。
			15	お客さんが来たら、あいさつをする。
			16	小鳥や金魚など家でかっているものの世話をする。
			17	お父さんやお母さんがつかれていたら肩をたたいたりする。
			18	見ないときはテレビを消す。
			19	電話がかかってきたらとりつぐ。
			20	学校であったことを両親に話す。

〈認識諸能力〉

			1	２けたの数を復唱することができる。
			2	２けたの数を逆に復唱することができる。
			3	３けたの数を復唱することができる。
			4	３けたの数を逆に復唱することができる。
			5	４けたの数を復唱することができる。

			6	6けたの数を復唱することができる。
			7	（2・4・6・□）（3・□・9・12）（5・10・15・□・25）などの□の数がわかる。
			8	学校で家族のものがどうしているか想像して話すことができる。
			9	「ぼくは、でんしゃがのった」「わたしは、こうえんをいった」などの文のあやまりを直すことができる。
			10	いろいろな物（りんご・みかん・せみ・バナナ・とんぼ・かまきり）の性質によって分類することができる。
			11	「ながぐつ、スリッパなどのくつをかたづけた」「ぼくのいもうとは、ぼくより3つ年が多い」「シーソーはかるい方が下がり、重い方が上がる」などの文の不合理を見つけることができる。
			12	「牛→牛乳→皮」「そうじ→ぞうきん→そうじき」などと、1つのことから2つぐらい連想することができる。
			13	「先生－生徒」「店－お客さん」「ストーブ－冬」などの2つの関係が説明できる。
			14	1つの主語について多様な述語が言える。（「雨が」「ふります。やみました。ふりそうです。ふるかもしれない。ふってもだいじょうぶだ。……」など）
			15	「もし……ならば、……は、……です」「たとえ……でも……は……です」という事例がいくつも言える。
			16	三角錐・四角錐などの展開図が書ける。
			17	物を上から見た図や横から見た図が書ける。
			18	「物事はすべて変化する」ということがわかる。
			19	ある1つのことがらに関係する原因や条件を複数でとらえることができる。
			20	「生き物はみんな死ぬ、せみは生き物である。だから……」というような三段論法が使える。

〈道徳的生活〉

			1	学校生活にきまりがあることがわかる。
			2	登校時刻・時程・下校時刻がわかる。
			3	チャイムに合わせて行動できる。
			4	くつ・ランドセル・かさなどの自分の置く場所がわかり、人の物と区別できる。
			5	上ばきと下ばきの区別をする。
			6	あいさつができる。
			7	授業中、勝手に教室を出ていかない。
			8	授業中、人のじゃまをしない。
			9	廊下は静かに歩く。
			10	他の教室・職員室・事務室などに勝手にはいらない。
			11	協力して給食の用意をしたりそうじをしたりする。
			12	姿勢よく机についている。
			13	本を目に近づけすぎない。
			14	つめは短く切る。
			15	手足がよごれていたら洗う。
			16	はなを上手にかむ。

			17	ふろではどこも自分でよく洗う。
			18	注射がうけられる。
			19	歯の治療がうけられる。
			20	床屋で散髪ができる。
			21	自分で歯をみがく。
			22	服装を清潔にする。
			23	すべり台やうんていやトランポリンなどで順番を待ってする。
			24	バス停やホームでは並んで待つ。
			25	バスや電車に順番に乗る。
			26	バスや電車のなかでは人にめいわくになることをしない。
			27	くつをはいたまま座席にあがらない。
			28	花壇の花をつみとらない。
			29	ごみをごみばこに捨てる。
			30	水槽や池の生き物を手でとらない。
			31	遊具を安全を考えて使う。
			32	危険な遊びをしない。
			33	火事にならないように気をつける。
			34	学校の帰り道で、より道しない。

			35	知らない人にさそわれてもついていかない。
			36	教室や机のなかをきれいにする。
			37	ポケットやカバンのなかなどをきれいにする。
			38	借りるときはゆるしを得てからにする。
			39	返すときはお礼を言う。
			40	机やかべや黒板にいたずらがきをしない。
			41	公共物と自分の物の区別ができる。
			42	公共物を大切にする。
			43	みんなと仲良く遊ぶ。
			44	悪いことをしたらあやまる。
			45	友だちがこまっていたら助ける。
			46	友だちに協力する。
			47	交通の安全に気をつける。
			48	よいと思ったことはすすんで実行する。
			49	よく工夫して行動する。
			50	よその家に行ったら礼儀正しくする。
			51	いろいろな人とやさしい心でつき合う。
			52	正直の大切さがわかる。

			53	わがままはよくないことがわかる。
			54	反省することができる。
			55	がまんすることができる。
			56	人のあやまちをゆるす。
			57	いじわるをしない。
			58	よいことは勇気を出して積極的に行動する。
			59	悪いさそいに応じない。
			60	弟妹・老人などをいたわる。
			61	美しいものを愛する。
			62	動植物を愛護する。
			63	生命をいとおしむ。
			64	不思議に思ったことを調べる。
			65	自分で努力してやりとげる。
			66	向上心をもって努力する。
			67	自分で生活の目あてを考える。
			68	生活の目あてを達成するためにどうすればよいかを考える。
			69	学級・学年・学校の生活目標がわかり、守る。
			70	悪いことばをあげて批判する。

			71	よいことばを使うように努力する。
			72	人の話を終わりまでよく聞く。
			73	人の注意をすなおにうけ入れる。
			74	世話になっている人に感謝する。
			75	ひなまつり・誕生会・たなばた会などの行事に積極的に参加し仕事をする。
			76	社会の出来事に関心をもつ。
			77	退廃文化を批判する。
			78	平和を愛し戦争はいけないことがわかる。

第 2 部　指導の実践例

Ⅰ 国　語

(1)　発語以前

ことばのない（ほとんど音声を出さない子どもや、人にわかるような単語が言えない）子どもを音声言語の所有者にするために、18の項目をあげました。要約すれば、親愛感・注視力・感情表現・要求 (body language)・達成の喜び・物のやりもらい・共同行動・模倣力・表象形成・二語文刺激の対応力・音韻形成というような内容です。

その子が多くの人びとと親しい表情で接することができるように、あたたかい、やさしい感情のなかで生活させることをまず大切にします。「文生於情、情生於文」（孫楚）ということは、ことばの持ち主にするたいへん大事なことであると思われます。「この子をひざに」（近藤益雄）ということばも、同じような言語教育の原理を語っていると思います。

だっこしたり、おんぶしたりしながら、キャッ、キャッと笑い声を出させることが、ことばの指導の出発点です。これは、親愛感・注視力・感情表現の成立を意味します。すると、要求や達成の喜びを表すようになり、body language でコミュニケーションが成立します。心のやりとり(交流)・物のやりもらいができないところにはコミュニケーションは成立しません。そして、共同で行動して、かけ声を出すようにし、体の大きな模倣から、「ウ」と口をつき出すような小さな口型模倣ができるようにしていきながら、表象形成（お母さんと言えば、お母さんのイメージを描く力、りんごと言えば、りんごが頭に浮ぶこと）を豊かに指導し、これを音韻形成(りんごを見たり、りんごの絵を見たりすると、りんごという音声が頭に浮ぶこと）へつなげます。「あくしゅ」と言えば手を出すことができるようにしていけば、ことばが出てくるようになります（他に病理的原因がない場合）。

とにかく、親しい感情のなかで、笑い声などを多く出させ、「目はどれ」ときいて、指さしができて、何か発声できるようにすることが、発語以前の大切な指導内容です。

⑵ 聞く力

単語や文のイメージ形成力が弱い段階では紙しばいが有効です。紙しばいの文をただ読むだけでなく、その子どもたちに合った声かけをしながら、ストーリーを楽しむことができるようにしていきます。

１時間目に、朝会のとき先生たちが話した内容を思い出させ、それを話させることをつづけていくことはたいへん効果的です。聞く力は、行動によって、また話させることによってとらえることができます。

⑶ 話す力

「め・はな・くち」などと教師が言って、すぐに言わせるようにしていく再生的方法ですすめ、しだいに「これ、なあに」ときいて自分で「くち」ということができる自発的方法で指導していくようにします。

「か」を「た」と発音したり、「ら」を「だ」と発音したりする構音障害の子どもには、正しい音声を数多く耳に入れるように配慮しながら構音指導をしていきます。貝の絵と鯛の絵を前において、「カイ」と言えば貝の絵を指さし、「タイ」と言えば鯛の絵を指さすような耳の弁別力を高めながら「か」と「た」の発音を正しく指導していくようにします。

連絡帳に書いて家庭に知らせることを、教師が書いても書かなくても、家庭で子どもに聞いて話させるようにしていくこと、また、逆に親の用事を先生に伝えさせるようなことを意図的にすすめていくことはじつに効果的な方法です。

話す力は話すことによって伸びます。だから、たくさん話しかけ、たくさん話させることが大切です。子どもの言っていることをよく理解し、言おうとしていることを理解し、言っていないことも理解するようなよい聞き手になって対話をすすめていくようにしたいものです。よくわからない発音であっても、よく理解して、喜びを感じさせ、意欲的に話す子どもにしていきたいものです。とにかく普通の子どもたちより、何倍も多く話させることが大切です。

(4) 読む力

むかしから、日本の子どもたちはカルタとりという伝統的な遊びのなかで文字をおぼえました。これはやはり大事にしたいものです。私は、ひらがな・かたかな・漢字・数字・ローマ字など、1字1字だけでなく、熟語もカルタで学習させてきました。

はじめは、絵と文字のある普通のカルタ、つぎは私が作った文字だけのカルタ（画用紙を適当な形に切って、マジックで文字だけ書いたもの)、それから同じように、かたかなのカルタ、そして漢字カルタへとすすめました。漢字カルタは「月・木・石・山・火」などと1字ずつ書いた、主として訓読みのものからはじめ、音読み（げつ・もく・せき・さん・か）でもとらせ、かなり読めるようになると「学校・音楽・天気・百円・教室」というような熟語を、とりふだに書いてカルタとりをしました。とくに、2年生の普通学級の国語の教科書の教材を扱うときなどは、まずこの方法で、その教材に出てくる漢字をみんな読めるようにしてから、読ませるようにしました。

でも、その前に短い文で大量の読みとりの指導をすることが大切です。

きのう　たかしくんは　こうえんに いきました。そして　すべりだいで あそびました。

と黒板に書いて、よく読めるようにして、書いてあることがわかるように

します。つぎのような１問１答が、どの子どもともできるように練習します。こんな短い文でも、つぎのようにいろいろと質問して答えさせることができます。

問１　たかしくんは　いつ　こうえんに　いきましたか。
答　きのう　いきました。
問２　きのう　こうえんに　いったのは　だれですか。
答　たかしくんです。
問３　たかしくんは　きのう　どこへ　いきましたか。
答　こうえんに　いきました。
問４　たかしくんは　こうえんで　なにを　しましたか。
答　すべりだいで　あそびました。
問５　こうえんには　なにが　ありますか。
答　すべりだいが　あります。
問６　すべりだいで　あそんだのは　だれですか。
答　たかしくんです。

こうして、読みとりの授業をしたあと、「答」の部分に何も書いていないプリントを与えて、６つの問題に正しく答を書かせる授業をします。

この教材文は２センテンスですが、さらに３センテンス、４センテンス、５センテンスの文章を与えて、１人で読んで内容がわかるようになると、１年生の普通学級の上巻の教科書も使うことができるようになります。しかし、国語教科書は、ぐんぐん高度な教材になっていきます。だから、もっともっと短い教材でひとつひとつの読み方を学習させていかねばなりません。

たかしくんは　おかあさんの　かたをたたきました。たかしくんは　おかあさんに　ほめられました。

これは受け身の文の教材です。この文を読ませて「たかしくんは　なぜおかあさんにほめられましたか」という質問をすると、「おかあさんのかたを　たたいたからです」と理由を言わなければなりません。これは、じつにむずかしいことです。とくに自閉的な子どもは苦手です。こういう指導は数多くやらなければなりません。だから、単純な文から少し高度な文章へという系統的な教材文を私たちは豊かに用意しておかなければなりません。この指導は「(3)話す力－53」などとも深くかかわっています。

このような指導をつづけていけば、1年生のとき、何を話しているのかよくわからないような、ことばの力のない子どもも、6年生になると、しっかりした単行本も読めるようになります。いうまでもなく、そのためには理解語彙を多くしていかねばならないし、豊かな生活体験も必要です。

(5) 書く力

文字を書く力というのは、指先の運動機能、とくに鉛筆を正しく持って筆圧の強弱がわかって運筆する力、形の意識、文字が読めていること、単語の表象と音韻がうまく形成されていることなどが基本的な力として大切なことです。しかし、このような力が育っていないので、文字を書く指導をしないというのはあやまりだと言えます。文字を書く指導というのは、鉛筆をもって、めちゃくちゃな線を書くことも文字を書く学習のひとつであり、私は、ほとんどことばのない1年生にも、入学の翌日から文字指導をしてきました。楽しんでなぐりがきをする子どもは、やがて上手な文字を書くことができるようになるからです。

文字を読みながらなぞること、文字をそばにおいて視写すること、耳で聞いて正しい表記で書くことへとすすむのが文字指導の順序です。このためには、机について、指示に従って行動し学習をつづける学習態度の形成が必要であることはいうまでもありません。これは「IX」の「生活勉強」の指導とかかわっています。

単語はたくさん視写させ聴写させなければなりません。そのときは、発音の指導も必要です。

また、文や文章を書く段階になると、話しことばの指導とかかわってきます。きのう自分がしたことを「……ました。……ました。」とつづけて、した順序によく思い出してくわしく話す力があると、「……ました。……ました。」と、順序よく思い出してくわしい文章が書けるのです。

このような指導のはじめのころは、たいてい「きの　ままと　かの　いきました」（きのう　ままと　かいものに　いきました）などと書きます。また、「きのう　ぼくは　けっこんしました」（きのう　ぼくは　けっこんしきに　いきました）とか「きのう　ぼくはしにました」（きのう　ぼくは　ちゃんばらごっこをして　きられたから　しにました）などとよく書きます。「きのおとさんとちどとらっこみばななかわいれました。とんぼれす」という文は「きのうお父さんに千鳥町のおもちゃ屋さんで、ごみトラックを買ってもらいました。うちに帰って、バナナを食べて、皮を入れて走らせました。ごみトラックは、夕やけ小やけの赤とんぼのオルゴールをならして走りました」ということです。

やはり、きちんと話す力と、単語を正しく書く力を身につけていかないと、意味のわかる文章を書くようにはなりません。でも、このような意味不明の文も、どんどん書かせることが大切です。このような指導をつづけていくうちに、6年生の伊藤暁子さんは「一つの花」や「ごんぎつね」も読めるようになり、つぎのような感想文を書きました。

一つの花（日書・国語四年上）　　　伊藤暁子

ゆみこちゃんへ

ゆみこちゃんのおとうさんは、せんそうでしんじゃった。おとうさん、あそんでくれない。ゆみこちゃんは小さなおかあさんなのね。ごはんをつくったり、おみそしるをつくるのね。おかずをつくったりしてもらえるの。やさしいゆみこさんですね。

わたしは、おとうさんとおべんきょうをやります。おにごっこをやります。かくれんぼをやります。おとうさんと、どっかに行きたい。えんそくに行きたいなあ。つれていってくれます。「おべんとうもっていこうか。車にのっていこうか。」といいます。弟もいくの。わたしも行くの。ゆみこちゃんは、おとうさんがいないから、いかれないです。かわいそうね。

ゆみこさんは、おかあさんとなかよしです。たのしいです。わたしは「今日は日曜日、ゆみ子が小さなお母さんになって、お昼を作る日です。」とかいてあるところがすきです。むねが、どきどきします。たのしいです。おとうさんがいればもっとたのしいです。さくぶんかいたのは今西祐行さんがかきました。「一つの花」はうまいです。がんばってかいています。しんぺいくんよりうまい。わたしよりうまい。わたしのこともかいてほしいな。おかあさんのこともかいてね。おとうさんのことはかかないでね。ゆみこさんが元気がなくなるとかわいそうだから。ないたら、いけないからね。おわり。

ごんぎつね（日書・国語四年下）　　　伊藤暁子

ごんぎつねは、ひとりぼっち。ごんぎつねは、さびしい。いたずらっこをやりました。兵十のうなぎをとりました。兵十がおこった。わたしは、ごんぎつねはわるいとおもいます。兵十のおかあさんが、うなぎがたべられらない。しんじゃった。おそうしきをやりました。兵十がかわいそう。さびしいです。ごんぎつねはくりをもってきました。兵十が、てっぽうをうちました。ごんぎつねがかわいそうです。兵十が、ごんぎつねをころしました。兵十はわるいです。わたしは、なきそうです。

わたしは、おそうしきをやってあげます。本門寺でおきょうをやります。まつうらしんぺいくんと、わたしと、めぐみさんと、江口先生と、まつざかゆうじくんと、ながよ先生と、山本先生と、すずきまさとくんといきます。おがみます。手をあわせます。しなないようにいのります。

わたしは、ごんぎつねがすきです。わたしは、ごんぎつねがかわいそうです。わたしは、さびしいです。みんなで、ごんぎつねとあそびたいです。おにごっこをやりたいです。かくれんぼをやりたいです。ハンカチおとしをやりたいです。いっしょにべんきょうしたいです。こくごのべんきょうをします。ごんぎつねをよみます。ごんぎつねが本の中にはいってしまうとおもいます。

わたしは、ごんぎつねに、あのことをいいます。それは、ひみつです。あした江口先生とめぐみさんにおしえます。おわります。

この「ひみつ」というのは、ごんぎつねを、自分の誕生日に招待するということでした。

伊藤暁子さんは、また、こんな詩をたくさん書きました。

ねむの花　　伊藤暁子

やさしいな。
いとがならんでる。
しろ、ピンク、きいろ
かわいいね。
はっぱは
むねのほねみたい。
ねむの花が
ぱらぱらおちてきます。
すてきです。

ルーペ

伊藤暁子

わあ、大きいなあ。
わたしのゆびが
お父さんのゆびみたい。
しわだらけです。
うんどうじょうを見たら
さかさまになっちゃった。
人が
さかさまになってあるいてる。
木も
家も
プールがさかさまになった。
空がさかさまになっている。
わあ、おもしろいよ。

ちょうかい

伊藤暁子

いで先生がマイクでいいました。
「わるいことばをいってはいけません。」といいました。
わたしは、わるいことばをいいません。
ただしいことばをいいます。
バカとんま、きゅうり。
まぬけ、どっかいけ。
しねてめえ。
おっぱいおしり。
おちんちんぶらぶらソーセージ。
おちんちんもみもみいいきもち。
おっぱいもみもみいいきもち。
とんでもねえちくしょう。
かってに天国にいけ。

ベランダからとびおりれ。
あいつにくいぞ。
やばいぞにげろ。
わるいことばをやめましょう。

おこりじぞう　　伊藤暁子

ひろしまの町はばくはつした。
おじぞうさんがおこりました。
せんそうはいやだ。
みんなしんじゃう。
なつやすみにもらったどじょうがしにます。
おかあさんがしにます。
弟もしにます。
わたしもしにます。
あきやまめぐみさんもしにます。
まつうらしんぺいくんもしにます。
まつたみすずさんもしにます。
江口先生もしにます。
せんそうはいやだ。
まつだみすずさんも、きんぎょがしぬからせんそうはきらいといいました。
そして、きんぎょにえさをやりました。
江口先生と、まつだみすずさんと
わたしとあげました。
きんぎょが、たべました。
よろこんでたべています。

ダウン症の子どもたちは１年生のころは構音障害があって話すこともよく聞きとれないこともありますが、全面的な発達をめざす学習指導をつづけていけば、このような国語の力が身につきます。家庭でも本を読ませるよい指導をされていたことが、このような読む力と書く力を育てたのです。

岩塚はつみさんは、５年生のとき、こんな作文を書きました。

とくもちの子　　　　　　　　いわつか　はつみ

学校からかえり道、なつみちゃんとあるいていると、とくもちの子がうしろからついてきました。三年生ぐらいで四人であるき方をまねしてついてきました。

とくもちの子がさきにあるいて、まえのほうにきました。さいしょは、とくもちの子がだまっていました。わたしは、とくもちの子がなんにもいわなくて、あーよかったと思っていたんだけど、とくもちの子が「ばか、あほ、とんま。」といいました。

やだっというと、もっとついてくるから、くやしかったけどわたしはがまんしました。それから、とくもちの子が「めがねざる」といったので「また、そういうことをいってるの。ほんとに。」と、ちゅういしました。

わたしは、とくもちの子に「あなた、なんていうなまえ。」ときいたけど、なまえはいわなかった。とくもちの子が、自分がわるいことをしているから、自分のなまえがいえないのです。

とくもちの子が「めがねざる。めがねざる。」といってはしってかえりました。

そして五日ぐらいたった日、学校からかえるとき、ちがう男の子がわたしにつばをひっかけました。わたしは小さい声で「つばかけたらだめよ。」といいました。男の子がへへへとわらって、わたしのせなかをおしてきました。わたしは「よくも人のことをおしたわね。」といいました。男の子が「なにいってるのこいつ。」といいました。そして、かえっていきました。うちにかえってから、くやしかったので、おとうさんにいいました。「どうして、とくもちの子は、すぐからかうの。」とききました。そしたら、おとうさんがいいました。「男の子は、らんぼうでわんぱくだから女の子のことからかうのよ。」とおとうさんがいいました。おとうさんが「そんな男の子がからかうぐらいで、きにするんじゃないよ。」と、おとうさんがいいました。

わたしは、からかわない男の子がすきです。こんど、からかってきたら、大きな声で「そんな、女の子にからかうんじゃないの。」といいます。

はつきちゃん　　　　いわつか　はつみ

はつきちゃんがふつうの子みたいに、「はあちゃん。」と話をしてくるといいな。

はつきちゃんが、じがよめるようになりました。ひらがなはよめるけど、がをかといいます。それから、ぎをきといいます。ちょっとおかしいです。がっこうをかっこうとよみます。

かん字もよめるようになればいいなあと思います。わたしが一かいか二かいぐらい字のかきかたをおしえてみようかな。

でも、わたしのべんきょうがあるから、はつきちゃんに字のかきかたをおしえることができないよ。

作文のかきかたをおしえてあげたいです。

わたしは、

「きのう、なにしたの。」

とききます。いっぱいお話しさせます。

作文やしを書くとき、だいと名まえをかかせます。だいは、はじめの行に三つぐらいますをあけてかかせます。

「作文を書くときは、よく思いだして書きなさい。じゅんじょよく自分がいったことやしたことや見たことをいれて書きなさい。」といいます。

「話したことは、かぎをつけて書きなさい。」

といいます。

「しを書くときは、あっとか、あらとか、ああとか思ったことをみじかく書きなさい。」

とおしえます。

はつきちゃんはどんな作文を書くかな。わたしは、うまく書けているところにまるをする。こうちょう先生から、しょうじょうをもらえるようにする。そうしたら手をたたいて、「はつきちゃんすごい。」という。

はつきちゃん、わたしみたいにがんばって、じゅんじょよく書くとうまく書けるんだよ。しっかり思いだしてくわしく書くんだよ。はつきちゃんは、もう字が書けるようになってきたんだから、がんばって書きなさい。

うちでしたこととか、学校でしたことなんか、いっぱい書いてね。

はつきちゃんが、いっぱい作文もしも書けばいいなあ。

はつきちゃん、がんばってね。

はつきちゃんが、作文やしが書けるようになったら、おとうさんとおかあさんは、よろこぶと思います。そして、

「はあちゃんありがとう。」

と、大さわさんがよろこびます。

「とくもちの子」という作文は、いじめられたことにたいしての抗議です。このような自己主張ができ、また、その事実を書いて自分の意見をのべる文章を書く力を育てていくことは、障害をもって生きている子どもたちにはとくに大切です。「はつきちゃん」という作文は、私が授業をしていることばも、よく理解していて、はげましている、心のあたたかい内容です。子どもの１人ひとりの心理と学力によりそいながら、理想はできるだけ高くかかげて指導していきたいものです。

土肥雅男君は、こんな詩を書きました。

第三がっき　　　　土肥雅男

三がっきになりました。

ぼくは、

もうすぐそつぎょうをします。
かけ算は百点にはなりません。
早くおぼいたい。
わり算もおぼいたい。
百点になりたい。
おてつだいします。
みんなのふとんをしきます。
あやちゃんは、
しっかりへんじをしてください。
幸二君、
きれいな字をかいてください。
ゆうじ君、
やせてください。

直井先生　　土肥雅男

直井先生の組で体育をしました。
サッカー、マラソン、とびばこ、てつぼう、バスケット、リレー、
ぼうたおし、水泳など、いろんなことをやった。
直井先生は足が長い。
直井先生は一かいもおこりません。
友だちが五人できた。
僕は、たのしかった。

中学生　　土肥雅男

ぼくと、あやちゃんは、
もうすぐ中学生です。
運動会のとき六年四組と走りました。
二とうだった。
五組のれんごう運動会でも百mは二とうでした。

リレーも二とうでした。
ぼくはいっぺん
どうしても一とうになりたかった。
小学校では
もう運動会がありません。
らい年、
中学校でがんばって
一とうになりたい。

土肥君は、国語・算数・理科・社会・音楽は障害児学級で指導し、体育・図工は普通学級の同学年のクラスに行って授業をうけるようにしました。いわゆる交流学習です。障害児学級は数人の学級ですから、どんどん学力を身につけていくことができます。でも、体育や図工は普通学級で学習するほうがよく伸びていくし適切でした。障害児学級に入級しなければ、かけ算も、わり算もできるようにならず、漢字も書けるようにならず、また、普通学級の生活では社会性も身につけることが困難でした。土肥君は、普通学級から障害児学級に入級して、学力と社会性がめきめきと身につき、成長していき、障害児学級の中学校に進みました。

このような人間としての成長をとげた基礎には、ことばの力を伸ばす国語教育の細かなステップと、障害児学級の教育的有利な面があったからです。

日々の成長は遅々としていても、その細かな日々の成長をこの「学習指導計画案」でとらえていくと、成長の大きな喜びが生まれてくるものです。

(6) ローマ字

漢字まじりの文章がかなりよく読める子どもには、ローマ字も教えてよいと思います。そして、駅名くらいは読めるようにしたいものです。

しかし、筆記体で正しく書くことは不必要ではないかと思います。その時間は他の教科の指導をしたほうが教育として効果的だと思います。

(7) 読　書

5センテンスから10センテンスくらいの文章の内容が自分で読みとれるようになったら、どんどん読書をさせたいと思います。いい絵本がたくさんありますので、楽しく読ませたいものです。また、たくさん読んでやりたいものです。

読んだら、ひとことでもいいから感想文を書かせておきたいと思います。そして、読書をはげまし、その楽しさを感じさせたいものです。生活から学ぶこと、学校で学ぶこととともに、広く文化（本）から学ぶ力を身につけたいと思います。

II 算　数

(1) 数

算数・数学の基盤は、数がわかることです。数がわかるということは、まず「1、2、3、4、5、6……」と順序数を唱える力からはじまります。そこで、私はいろいろな場を利用して大きな声で「1、2、3、4、5……」と数を子どもたちの耳に入れるようにしてきました。家庭でもふろに入ったとき親が「肩までつかって……50まで」というように語りかけて「1、2、3、4……50。よし」といってふろから上げるようなことをするなかに数の教育をみることができます。

低学年では、朝、欠席があるかどうか、子どもたちにはっきり意識させるとき「何人いるかな。数えてみよう。1、2、3、4、5。5人いたね。みんないるね」というような語りかけからはじめます。まだ、子どもたちは「1、2、3、4……」と言えませんが、教師は大きな声で言ってやることが大切です。トランポリンをするときも、わなげをするときも、両手をもって、ぴょんぴょん跳び上がらせるときも「1、2、3、4……」と大きな声を出します。ぞうきんをもって、掃除をするときも「1、2、3、4、5……ゆかが光るね。50までやろう」と数を唱えます。音楽の時間、カスタネットを打つときも「1、2、3、4。1、2、3、4。……」と数えます。体育のとき、けんけんをさせながら「1、2、3、4……」と唱えます。

こうして、ひとりひとりにできるだけはやく1から10までを唱えることができるようにします。また、それ以上 100までも唱えられるようにします。かなりうまく言えるようになったら、10から逆に「……4、3、2、1、ゼロ」と言う唱え方もして、100から逆に言えるようにします。

子どもに「3つ手をたたいて。5つたたいて」と言ってたたかせたり、教師がいくつかたたいて「いま、いくつ音がしたの」と聞くような遊びもいいものです。

数詞は具体物をもってきて数えます。ミニカーで「1台、2台、3台」と。えんぴつで「1本、2本、3本」と。人間で「1人、2人、3人」と。本で「1さつ、2さつ、3さつ」と。

数が唱えられるようになったら、数字のカルタとりをします。数字が読めるようになるとカードを順に並べることもできるようになります。

(2) 足し算

足し算はいろいろな具体物を使って、「あわせると、いっしょにすると、たすと、くわえると、よせると、ぜんぶで、みんなで」というようなことばも行動のなかで使いながら「たす」という意味を理解させます。

数が言えるようになったら、数字を書かせます。筆順正しく書かせます。「5の横は最後に」「7は左から上下に書いて横に」と言いながら書かせます。「8」や「9」はとくにていねいに何回もなぞらせて、うまく書けるようにします。10までの数字が書けるようになったら、プリントの問題もできるようになります。プリントはテスト用紙でなく指導の教材です。

なまえ（　　　　　　　）

1のつぎは □	2のつぎは □	3のつぎは □
4のつぎは □	5のつぎは □	6のつぎは □
7のつぎは □	8のつぎは □	9のつぎは □

なまえ（　　　　　　）

10のまえは □　9のまえは □　8のまえは □

7のまえは □　6のまえは □　5のまえは □

4のまえは □　3のまえは □　2のまえは □

なまえ（　　　　　　）

1＋1＝ □　2＋1＝ □　3＋1＝ □　4＋1＝ □

1＋2＝ □　2＋2＝ □　3＋2＝ □

1＋3＝ □　2＋3＝ □

1＋4＝ □

「＝」は「は」ということ、「＋」は「たす」ということは、くりかえし学習するなかで自然に理解できるようにしていきます。タテ書きの計算は、上下がそろうように方眼の紙を用います。

「2＋3＝」というような問題には、左右の指を使って、それを数えて答えを書くことが最初の段階で、数を出さないで「5」と書けるようにしていきます。それは、前段の練習の量が質的変化をきたして、自然に指を使わないで書けるようになります。

なまえ（　　　　　　）

2と3は □　　1と4は □　　3と1は □

2に3をたすと □　　4に1をたすと □

2と2をあわせると □　　3と2をあわせると □

2に1をくわえると □　　1に3をくわえると □

1＋5＝ □

1＋6＝ □

1＋7＝ □

1＋8＝ □

1＋9＝ □

なまえ（　　）

2＋4＝ □

2＋5＝ □

2＋6＝ □

2＋7＝ □

2＋8＝ □

なまえ（　　）

3＋3＝ □

3＋4＝ □

3＋5＝ □

3＋6＝ □

3＋7＝ □

なまえ（　　）

4＋2＝ □

4＋3＝ □

4＋4＝ □

4＋5＝ □

4＋6＝ □

なまえ（　　）

5＋1＝ □

5＋2＝ □

5＋3＝ □

5＋4＝ □

5＋5＝ □

なまえ（　　）

なまえ（　　　　　　　）

(1) あかい　はなが　3つ　さいて　います。しろい　はなが　2つ　さいて　います。あわせて　はなは　いくつ　さいて　いますか。

こたえ（　　　　　）

(2) おんなの　こが　4にん、おとこの　こが　3にん　います。みんなで　なんにん　いますか。

こたえ（　　　　　）

(3) おはじきが　7こ　あります。それに　3こ　くわえると　なんこに　なりますか。

こたえ（　　　　　）

このようなプリントは、何枚も作っておいて数多くやらせることが必要です。中学年になると、自分で「宿題」と言って、もって帰るようになります。答をおぼえて書いてしまうことがありますので、同じ程度の問題を形式をかえてプリントすることも大切です。

(3) 引き算

おはじきでもいいし、みかんでもいいし、机上に2つおいて、「いくつあるの」ときき「2つ」と答えさせ、教師が1つだけとってポケットに入れます。「さあ、いくつになったの」ときくと、「1つ」と答えます。

同じように、3つおいて、1つとったり、2つとったりしながら、残った数を言わせます。

それから、黒板に「2－1＝1」と書きながら具体物で指導し、同じように「3－2＝1」「3－1＝2」と書きながら、具体物で指導します。このような学習は、答える子どもを指名しながら、何回もやる必要があります。

　こうして「２から１とると１」「３から２とると１」「３から１とると２」ということを「３－１＝２」という式の理解に導きます。そして、具体物を使わないで、ヨコ書きの式だけ書いて、指を使ってもいいということにして答えを書かせます。

なまえ（　　　　　　　　）

２－１＝□

３－１＝□　　３－２＝□

４－１＝□　　４－２＝□　　４－３＝□

５－１＝□　　５－２＝□　　５－３＝□　　５－４＝□

なまえ（　　　　　　　　）

２から１ひくと□

３から１ひくと□　３から２ひくと□

４から１ひくと□　４から２ひくと□　４から３ひくと□

５から１ひくと□　５から２ひくと□　５から３ひくと□

５から４ひくと□

なまえ（　　　　　　　　）

(1)　りんごが　5つあります。1つ　たべると　のこりは　いくつに　なりますか。

こたえ（　　　　　）

(2)　みかんが　4つ　あります。3つ　たべると　いくつ　のこりますか。

こたえ（　　　　　）

(3)　きんぎょが　3びき　いました。1ぴきしにました。なんびきに　なりましたか。

こたえ（　　　　　）

このようなプリントも、たくさん作っておいて数多く練習させます。

5までの数の引き算の意味と、計算がわかったら10までの計算と文章題の学習にはいります。

なまえ（　　　　　　　　）

(1)　8にん　あそんで　いました。5にん　かえりました。なんにん　のこりましたか。

こたえ（　　　　　）

(2)　いちごが　10こ　ありました。6こ　たべました。いくつのこって　いますか。

こたえ（　　　　　）

(3)　おとこの　こが　9にん　います。おんなのこが　7にんいます。どちらが　なんにん　すくないですか。

こたえ（　　　　　）

なまえ（　　　　　　）

6－1＝□	7－1＝□	8－1＝□	9－1＝□	10－1＝□
6－2＝□	7－2＝□	8－2＝□	9－2＝□	10－2＝□
6－3＝□	7－3＝□	8－3＝□	9－3＝□	10－3＝□
6－4＝□	7－4＝□	8－4＝□	9－4＝□	10－4＝□
6－5＝□	7－5＝□	8－5＝□	9－5＝□	10－5＝□
	7－6＝□	8－6＝□	9－6＝□	10－6＝□
		8－7＝□	9－7＝□	10－7＝□
			9－8＝□	10－8＝□
				10－9＝□

これまでは、ヨコ書きの式のプリントですが、ここで新しくタテ書きの式のプリントを使って学習します。もう、計算はわかっているので、書き方を教えると、すぐ書けます。これも、方眼の用紙を用います。

(4)　数の合成分解

これは、2の分解、3の分解、順次10の分解まで、具体物を使って学習させます。たとえば、おはじきを8こ机上におかせて、自由に分けさせ、

「ぼくのは、2と6」「わたしのは、4と4」「ぼくのは1と7」というふうに発言させるようにします。

2から10までの分解の学習をしたあとは、教師が「10は2と□」「10は5と□」というように言って、その後の数を「8」「5」と答えさせるようにします。たいてい、指を使って答えますが、たくさんやっていると、しだいに指を使わなくなります。

⑸　0（ゼロ）の理解

これまで「5、4、3、2、1、ゼロ」と逆に言う学習をしているので、具体物でなにもないのがゼロであることを理解させます。だから「2＋0＝、ふえないね。こたえは同じで2」「3＋0も、多くならないから3」というように理解させます。

⑹から先の指導の重点

⑹からは計算力の指導は、くり上がりも、くり下がりも、普通学級で指導している方法ですすめていくことができます。タイルを使うと、よく理解することができるようです。

つぎに、長さにしても、重さにしても、だいたいどのくらいであるかという、目分量の力を身につけていくことが大切です。10㎝、20㎝、30㎝、50㎝、1m、2m、などの竹を用意して、あてさせることや、砂ぶくろを作って500g、1kg、2kg、3kg、4kg、5kg、10kg、15kgなどと持ち上げて、あてさせる学習をすると楽しくできます。種類は多くしないで3つくらいの砂ぶくろで指導したほうがいいようです。私は20kg、30kgなどの砂ぶくろを作って、体育の時間に持って運ばせ、背筋力や握力を強くさせたりしました。たいそう楽しんで重さの学習をしました。

とにかく、大切なことは、日常生活のなかで数の処理ができるということです。とくにお金の計算力はどうしても身につけなければなりません。私は5円玉、10円玉、50円玉、100円玉、500円玉、千円札、5千円札、1万円札を用意して、数え方と、それぞれの関係の学習をすすめました。

いろいろな種類のお金をまぜて、数えさせ、１万２千７百30円と言えるようにすることや、12730円と書けるようにすることや、５千円札３枚は１万５千円であり、500円を10円玉にすると50個であることなどを、実際にお金を使って学習しました。そして、「先生のネクタイは3000円、服は30000円、鉛筆は50円」などと、生活に結びつけて、お金についての理解を深めました。子どもたちは、たいへん興味深く学習しました。

お金にかかわる作文や日記は意図的に書かせました。

「おかあさんにお金を 200円もらいました。テープをかいました。270円です。おつりをもらいました。200円もらいました。こわさない。だいじにします。ちゃん、ちゃん、ちゃか、ちゃか、ちゃん、ちゃん、笑点のろくおんをふきこみました」

「だいちゃんに 100円もらいました。ダイシンに行きました。でんちをかいました。60円かいました。おつりをもらいました。40円もらいました」

正しい計算で日記を書いた日もあれば、まちがっている日もありました。中学校に行ったら小づかい帳がつけられるといいなと思いながら、日常生活のなかでの数の処理力を身につけるようにしました。これは家庭と話し合いながら指導すべき大事なことだと思われます。

III　社会科

(1) 家　庭

子どもにとって、社会生活の第一歩は、家庭生活です。そこが自分の住居であることがわかり、自分の家族とともに生活する場所であることがわかるということは、平凡なことでありながらきわめて重要なことです。

勝手に家を出て行き、帰宅することのできない子どもは、目をはなすことができません。親の心配はたいへんで、とくに夜などに勝手に外に出ていく場合はとくに神経をつかいます。また、家族のもの、とくに弟や妹が赤ちゃんである場合など、その体や顔の上などに乗って喜ぶようなことがあれば、このようなこともまた心配なことです。

とにかく、社会生活の第一歩として、ここが、自分の家であるということを感じさせて家族と親愛感をもって接する力を身につけなければなりません。このことはこの(1)の「１」から「３」までのことを身につけることによって達成することができます。これは「身につける」というよりも本来、本能的なものとして自然に形成するものです。おっぱいやミルクを欲しがるときに、それらを与えることで、親子の心の通じ合いがはじまり、それは一般的な要求行為となり、家族との人間関係の成立へと発達します。これは、まなざしが合うことであり、身体的接触を受け入れることであり、欲求の充足のために、何かを持ってきたり、運んだりする指示（(1)－４・８・11・15）に従って行動する力となります。このような体験の積み重ね、家族としての経験の共有は、同じことをみんなで喜び、同じことをみんなで悲しむ社会性へと成長します。

この社会科の「(1)家庭」は、「IX」の「生活勉強」の内容と大きなかかわりがあります。家庭での生活がりっぱにできることは、同時に社会的な生活もうまくやっていくことのできる基礎・基本の学習だからです。しかし、この両者の区別の認識と行動も大切であることはいうまでもありません。教師は、けっして母親ではないし、また父親でもありません。そこに教師という社会的人間と、その子とかかわる社会認識的意味があります。教師は父母よりも子どもの成長を願う大きな学習課題を持っています。それは教師であるために遂行できる性格のものでもあります。同じ学習課題を親が持っていても、それはなかなか達成できません。そこには教室という子ども集団の教育力も大きくかかわっているし、それをすすめる教師の権威も大きな力となっています。

(2) 学校生活

学校生活には、家庭生活でも社会生活でも体験できない教育課程にもとづいた学習生活があります。その内容はおよそこの(2)の「1」から「39」までで、もちろん、ここには教科の内容ではなく、教科の学習をうまくすすめていくために必要な力といってよいものがあげられています。「担任の先生の指示がわかる」「担任の先生の簡単な指示に従う」ということが学校生活のなかで形成される社会的力ですが、この達成をとおして、子どもが主体的に児童会や生徒会の活動をすすめ、自治の力を身につけることにつなげていきます。ここには集団生活に必要な習慣を身につけ、そして自分たちで考え合い、さらに価値のある生活ができるようになっていくすじみちを敷いています。「言いたいことは、理由をあげてはっきり主張する」ということは、なかなかむずかしいことです。しかし、この社会で生きていくためには、このような力を低学年から少しずつであっても、どうしても育てていかねばなりません。「いやだ」「いや」「いやよ」という表現力が身についたら、しだいに「なぜか」を考えさせるようにしていきながら、しなければならぬことは、いやなことであってもやるという意識と行動力を身につけていきたいと思います。これは、学校生活の基本的なことのひとつで、指導の方法としてはたえず興味のあるものを素材にして意欲性を伸ばし、あるものに習熟させるようにし、さらに、新しい課題にとりくむ楽しさのなかで行動する力を伸ばしていくようにします。それらのステップは、細かければ細かいほどいいようです。

(3)　学区域

学校にある、保健室、給食室、体育館などがわかり、それらと対応した生活ができ、１年間の学校行事・社会的行事がだいたいわかるようになると、その月の行事などを予期して生活を楽しむことができるようになります。こうなると、家での生活の充実から学校生活へ、そして学区域やもう少し広い地域での生活の主体的かかわりがもてるようになります。これは地域の社会認識と生活自立への過程です。

それぞれの地域によってそのようすはちがうわけですが、小さくてもひとつの自治体的な性格をもつ学区域には、生活していくうえでのさまざまな商店や公共機関もあります。それらとかかわりあって生活していくことのできる力を育てることはきわめて大切なことです。家庭で「これをクリーニング屋さんに出してきてね」「自転車がパンクしているから、なおしてきてね」「保育園に行って、妹をつれてきてね」というようなお母さんの指示に従って行動できることは、そのための家庭での指導も必要です。学校教育としては、学区域内を概観することができて、川や橋の名まえ、国道の№、大きな建造物の名まえなどを使って「○○くんのうちは、新川にそって 300mほど西へ行ったところにある、ボーリング場のとなりのガラス屋さんです」というような話ができるようにしたいと思います。

(4)　職　業

人びとはどんな職業について働いているか、その職業はこの社会でどんな意味があるのか、その職業にはどんな喜びや苦労があるのかというようなことについて、だいたいの知識をもつことは、現代社会をとらえる大事な視点です。職業は、あるひとつの部門をとっても、そのなかはまたじつに細かに分けられていて、全体が組織的に運営されています。病院といっても、各種の患者をすべて受け入れる総合病院には、内科・外科をはじめいろいろな科があり、看護の仕事があり、検査機関も研究機関もあり、食事の用意・薬局・事務会計・清掃・電気関係の故障をなおす人など、じつに多種多様な人が働いています。現代社会はこのようにして成り立っていることを知り、自分の家族や知人がどんな仕事をして生活しているのかということを知ることができることは、社会的な見方ができる大事なことです。あるひとつのことは他の多くのこととかかわって存在しているということを認識できるようにし、ものごとを社会的に、または構造的にとらえる力を身につけたいものです。

また、小学校の高学年になると、自分もやがてある職業について社会的な仕事を分担するという意欲をもたせたいものです。

おかあさんとはなした　　　　　　　五年　岩塚葉採

おかあさんがかぜでねていました。わたしがそばにいって、

「大きくなったらなにになったらいい。」

そしたらおかあさんは、

「おペラかしゅになればいい。」

といった。わたしは、

「ちょっとむりよ。」

といいました。わたしは、

「おペラかしゅの先生になるからね。」

といいました。おかあさんが、

「大きくなったらなにになるかかんがえとくよ。」

とおかあさんがいいました。

わたしが、

「バスガイドのおねえさんになるよ。」

とわたしがいいました。おかあさんが、

「あしこしがよわいから、バスガイドのおねえさんになるのはちょっ

とむり。」
といいました。どうして、わたしはあしこしがよわいのってききました。おかあさんが、
「なわとびをしないから。」
といいました。わたしは、
「まいにちなわとびするから。」
とわたしがいいました。なわとびをすると、おっぱいがぴくぴくうごくからしにくいです。わたしは女だから、おっぱいが大きいです。
　江口先生は男だからおっぱいが小さい。ばいしょうちえ子さんのおっぱいも大きい。ばいしょうちえ子さんのおっぱいをさわってごらんなさい。大きいですよ。江口先生はばいしょうちえ子さんがすきでしょ。わたしは、みづえさんがすきです。みづえさんのこえは、やわらかいです。わたしは高田みづえさんがすきです。

　この作文は、まだ自分の職業についてしっかりとした考えをもっている内容ではありませんが、小学校の高学年になると、このようなこと（将来の職業）も生活のなかで話題にしたいし、考えさせたいし、作文や詩の題材にもしたいと思います。こういう作文を５人か６人ほどではあれ、学級全体で話し合うことは社会的な自立心を育てるうえでたいへん大事なことです。

⑸　町・市・区・県・国・世界・歴史

　ここでは、自分の住む自治体の概観、全国的な地理、世界の地理、そして歴史と民主主義の政治などにわたっています。
　わたしは、北海道・青森・岩手などとカードに書いて、カルタとりをしながら、県の名まえをはじめ、主要な都市・山・川など、漢字で読めるようにしました。そして、地図を前にして、距離感を重視して話しながら理解させるようにしました。絵やスライドによって、旅行記風に、または物語風にして指導すれば、たんへん楽しく学習します。

しかし、つぎの５年生の作文などは、私にこの実践のむずかしさを教えてくれました。

五百円　　　　　　　　　　　　　五年　松永幸一

ぼくは五百円もっています。
きっぷかいます。
おか山いきます。
きびだんごたべます。
あお森にいきます。
りんごたべます。
しずおかにいきます。
ピアノかてきます。
ならにいきます。
だいぶつさまかてきます。
にいがたにいきます。
さどがしまかてきます。

私はこのような作文を読み、だからこの子どもたちに地図感覚や歴史感覚をもたせることはむずかしいと考えるのでなく、だからこそきめ細かくそして全面的に指導していかねばならぬと思うのです。

IV 理 科

理科（自然科学の教材）は植物・動物・気象天体・人体・その他（物理・科学）に大きくわけました。

(1) 植 物

道を歩いているとき、子どもが立ちどまって「ほら、タンポポの花が……」と話しかけてくることができたら、また、パンジーやアサガオの世話をして花を咲かせて楽しむことができたら、どんなに心ゆたかな生活ができることでしょうか。私は小学校6年生までの間にどうしてもこのような生活ができるように、ゆたかな自然認識を身につけたいと思います。

このためには、１年生から植物に親しませて草花や樹木の花や葉に関心をもつような話をかわすことが大切です。

子どもを連れて校庭を１周します。そして「わあ、きれいだね。ハコベの花、白いね。このはっぱ、とっていこうね。ほら、あそこのにわとりに、やろうよ。食べるかな」などと語りかけて、じっさいに子どもたちに、ハコベをにわとりに食べさせるようなことを、やらせます。「ハコベのはっぱは、ひよこが大すきよ。ほら、どんどん食べるでしょう。もっと、いっぱい『食べなさい』って、あげなさい。ハコベって、ヒヨコグサともいうのよ」などと何回か話しかけながらこんなことをしていると、子どもたちは、ハコベとにわとりを関係づけて理解できるようになります。

また、あるときは「ほら、見てごらん。小さなサヤエンドウみたいね。これはカラスノエンドウよ。これで笛ができるのよ」と話して笛を作ってみせ、子どもたちと笛のならしっこをしたり、オオバコの葉柄でひっぱりっこしたりしながら植物に親しませます。

子どもたちは、中学年から高学年にかけて植物に取材した詩や作文をたくさん書いて、観察力をみがき表現力を伸ばしました。

ここではパンジーの栽培についての学習内容をあげましたが、観察記録を書かせるのならアサガオがよいようです。毎日毎日、形・色・大きさ・変化などを見て記録文を書いていくことは、たいへんよい学習になります。つぎの「ふしぎなあさがお」は５年生の岩塚葉採さんの観察記録です。

ふしぎなあさがお　　　　　　　五年　岩塚葉採

五月十三日

先生があさがおのたねをもってきました。くろいすなみたいでした。先生が「きれいな花がさきます。」といいました。どうしてさくのかな。ふしぎです。先生がたねを水につけました。まだまかないからふしぎでした。

先生が「いつ花がさくでしょう。」といいました。

みんな「あしたさく。」といいました。

わたしは「さかない。」といいました。

てつやくんが「あしたになればわかる。」といいました。

五月十四日

花はさきませんでした。てつやくんに「わたしのいったとおりでしょ。」といいました。

てつやくんが「うん。はあちゃんのいったとおりだ。」といいました。

五月十五日

たねを見るとすこし白いめがでていました。花は、まだまださきません。

五月十七日

あさがおのたねをまきました。はちにかだんの土をいれてたねをまきました。

先生が「いつめがでるかね。」といいました。

わたしは「水をあげたらめがでるよ。」といいました。先生が「あしたでると思う人。」といいました。

みんな手をあげました

先生が「そうかな。」といいました。

みんなが「でるよ。」といいました。

先生が「どうやってでてくるかなあ。」といいました。

こういちくんが「花になってでてくる。」といいました。

てつやくんが「あしたになればわかる。」といいました。

先生が「バナナをまいて水をやったら、バナナのめがでるかな。」といいました。

みんなが「でるよ。」といいました。

先生が「白のちょうくを土にいれて水をやったらどうなる。」とききました。

こういちくんが「ちょうくのめがでる。ちょうくがいっぱいなる。」といいました。

わたしは、めはでないと思いました。

先生が「こういちくんを土の中にいれて水をかけてやったらどうなる。」といいました。

てつやくんが「こういちくんのめがでて、こういちくんがいっぱいになるよ。」といいました。

こういちくんが「えうう。」といいました。

先生が「よし、やろう。」とわらいながらいいました。

こういちくんが「いやだあ。」といってにげていきました。てつやくんがつかまえました。こういちくんがなきました。

先生が「もうやらない。」といいました。わたしは、よかったなあと思いました。

五月十九日

あさ見ると小さなめがでているみたいでした。じっと見ていると、てつやくんが来ました。あさがおを見に来ました。

「あっ、あさがおのめがでているよ。せなかでめを出しているよ。」といいました。

わたしは「ほんとだ。」といいました。

あさがおのめが一つだけでました。小さいのでわたしはよく見えませんでした。先生が虫めがねをかしてくれました。そしたらよく見えました。めが土をすこしもち上げていました。

五月二十三日

わたしのあさがおがはっぱが二つでていました。はっぱの上にくろいのがくっついていました。めがもう一つでています。はっぱをむしめがねで見たらせんがありました。

「どうしてせんがあるの。わたしの手のひらみたい。」と先生にききました。

先生は「どうしてかね。」といいました。ふしぎなはっぱです。

五月二十六日

はっぱが大きくなりました。まん中にめみたいなのがちょっとのびている。こういちくんのが大きいです。大きいあさがおも小さいあさがおもあります。どうしてかな。ふしぎなあさがおです。

六月二日

五月二十八日から三十日までいずこうげんにいっているとき、いいざか先生が水をあげました。きょう見たらほんとうのはがでていました。

先生が「これがほんばです。」といいました。

ほんばは、ざらざらしています。おとうさんのあごひげみたいです。どうして、あさがおのほんばにひげがあるのですか。あさがおがおとなになったのですか。あさがおは男ですか。みんなひげがあるから、みんな男ですか。あさがおは、ふしぎです。

六月十三日

ふたばがちゃいろになっておちました。なんでおちるのかな。ちゃいろでついているのもあります。わたしのあさがおは、小さいです。江口先生のが大きいです。おとなのあさがおが大きくて、こどものあさがおが小さい。それがふしぎです。あさがおは、しっているのかな。

六月十七日

あさがおがどんどん大きくなります。ほんばが五つでています。てつやくんのあさがおは大きいのとちゅうぐらいのと小さいのがあります。おなじ日にたねをまいたのに、どうしてあさがおのほんばは、ちがうのでしょう。大きいあさがおは、えばっています。みどりです。小さいあさがおは、ちょっときいろです。どうして大きいのと小さいのがあるか、江口先生は、わからないといいました。おとうさんは、わかると思うけどびょうきだからだめだ。

六月十八日

おひるからむらい先生をよんで来ました。むらい先生は、りかの先生です。てつやくんがよんで来ました。

てつやくんが「あさがおのはっぱはどうしてひげがあるのですか。」といいました。

むらい先生は「はじめっからひげがある。」といいました。

わたしが「てつやくんのは、どうして大きいのと小さいのがあるのですか。」とききました。

むらい先生が「きいちろうくんとてつやくんはおなじ六年生でもみんなちがう。」といいました。

わたしは、わかったけどむずかしかったです。むらい先生は、あたまがいいなあと思いました。

六月十九日

野ざき学級のあさがおが大きいです。

「どうしてこんなに大きいの。」ときいたら、野ざき先生が「ひりょうをあげてるからよ。」といいました。

てつやくんが「どんなひりょうをやってるの。」とききました。

野ざき先生が「あとでおしえる。」といいました。

きょうしつにもどったら、小野一ろうくんが、ひりょうの水をもって来てくれました。小野一ろうくんは、しんせつだなあとおもいました。わたしは、うれしかった。あさがおにひりょうの水をあげました。水は、そらいろでした。

六月二十三日

江口先生があさがおのひりょうをもって来ました。わたしは「なんというひりょうですか。」とききました。先生がこくばんにハイポネックスとかきました。「水でうめてつかうひりょう。」といいました。

わたしは「ハイポネックスを、あさがおはどこですうの。口もないのに。」とききました。こういちくんがあさがおに「ストローをもってるか。」とききました。

てつやくんがわらいながら「コップもってるか。」とあさがおにききました。

わたしは「そんなもの、もってるわけないでしょう。」といいました。でもどうやって水をのむのかふしぎです。

ひる休みに、てつやくんが村井先生をよんで来ました。村井先生は、りかの先生です。

てつやくんが「あさがおは、どうしてひりょうをのむの。」とききました。

わたしも「口がないのにどうしてたべるんですか。」といいました。

村井先生は「むずかしいなあ。」といいました。そして、村井先生は、かみに水をいれてぽとぽととおとしました。

「こうして水が出るからのめるんだよ。」といいました。それから、外から草をひっこぬいて来ました。そして「このほそいところで、ひりょうをすうんだよ。」といいました。村井先生は、かみをくしゃくしゃにしました。

あさがおが、どうしてひりょうを食べるか、わからなくなりました。わたしは、たべているところが見たいです。

六月二十六日

あさがおにハイポネックスをやりました。はちにみみをつけて、ひりょうをのんでいるかききました。チュッチュッと音がしました。おいしそうにのみました。

こういちくんが先生に「あさがおは、おしっこするの。」とききました。

わたしは「あさがおは、おちんちんがないからおしっこなんてでない。」といいました。

こういちくんは「水のむとおしっこでる。」といいました。

わたしは、わからなくなりました。あさがおのおしっこは、くさくないのかな。

六月二十七日

あさがおって目がありますか。ないですか。あさがおって手と足があるのかな。つるがでてきました。たけをそばにたてました。

六月三十日

あさがおのつるがのびました。たけにつかまっています。目があるみたいです。つるが手かな。でも手は、一本しかありません。

あさがおは、うんどうじょうをむいています。あそびたいのかな。すべりだいのほうをむいています。けいどろしたいのかな。外がすきです。あさがおは、いつも立っているからふしぎです。あさがおはいつも立っているからつかれると思います。いつ休むのかな。

七月三日

村井先生が赤い水とふつうの水をもって来てくれました。だから花が赤くなりました。

ほうせんかには、どうしてありが来るのですか。ほうせんかの花は、わたしのふでばこみたいにまっかっかにならないのですか。さあわかりません。こんど、くろい花にしたいです。みどりときいろと青とちゃいろとむらさきのはなにしたいです。わたしは、いろいろのしょくべにをたくさんかいたいです。

七月八日

あさがおは、うんどうじょうばっかりむいているから先生が「うんどうじょうに出してあげよう。」といいました。

きょうみたらあさがおは、上ばっかり見ていました。あさがおは、空がすきだと思います。あさがおは、くもも見ています。お日さまも見ています。

つるがたけにまきついています。たけにすきすきしています。まだ花がさきません。つぼみがあります。江口先生のとてつやくんとわたしのあさがおが早くさけばいいです。

てつやくんが「こんどあさがおがきょうしつをむいたらいれてあげる。」といいました。「ほんとうにきょうしつむくの。」とわたしがききました。

江口先生が「はあちゃんがすきだから、きっとむくよ。」といいました。

ほんとうにあさがおは、きょうしつにむくかもしれないと思いました。あさがおは、わたしをすきだと思います。わたしは、あさがおが、すきです。

七月九日

先生が「てっちゃんよく見てごらん。なにかでてきたよ。」といいました。

てっちゃんが「つぼみだ。」といいました。

先生が「そうだ。そうだ。」といいました。

先生が「いつさくでしょう。」といいました。

てつやくんが「七月十九日にさくと思う。」といいました。

わたしは「夏休みになってからさくと思うよ。」といいました。

先生が「なにいろがさくかね。」とききました。

わたしが「くろい花とぴんくときいろと、ちゃいろと白とねずみいろの花がさく。」といいました。

先生は「そんなにさかない。」といいました。

いろんな色の水をかけたらさくと思いました。わたしは、あさがおに「早くピンクの花がさいてちょうだい。」といいました。

七月十日

あさがお

わあ、
つるがのびた。外にむいている。
あさがおは、よるねないで
つるがのびている。
あさがおは、いつねるの。

つる

つるが
たけのさきのほうまで
はみでてる。
つかまえるところがないかな、
とかんがえているみたい。
つるは、
さきのところに
目があるみたい。

七月十二日

つぼみ

あっ、
先生のつぼみが赤くなった。
やっぱり先生のあさがおが
早かった。
先生は、うれしいです。
わたしのつぼみは、
ありんこぐらい。
つぼみ。
つぼみ。
大きくなれ。
大きくなったら、
あさがおに
すごいすごい、
といってあげる。

七月十四日

あさ来たらあさがおは、江口先生のあさがおの花は、ぐちゃぐちゃになっていました。はっぱは、だらんとしています。水がなかったのかな。あさがおの土は、かわいていました。水をあげました。いっぱいあげました。十分ぐらいしたら、はっぱが元気になりました。きのう、先生のあさがおがさいたの見たかった。わたしのさかないからくやしい。

先生が「あしたはひろこさんのがさくよ。」
といいました。

きのうの日よう日先生がみんなをよべばよかった。あさがおは一日しかさきません。べこにやは、どうしてずっとさいているのですか。あさがおにハイポネックスをいっぱいやったらつづけてさくのかなあと思いました。

七月十五日

あさがおの花

わあ、
ひろこさんのがさいた。
赤むらさきの花だ。
きれいだなあ。
きれいだなあ。
さわりたいけど
手を出さないで見ていました。
まわりが白です。
中はうすむらさき。
おくのほうは赤。
にじみたい。
ひろこさんに、
「よかったね。」
といいました。
ひろこさんが、うれしいかおで見ていました。

かれないでいつまでも、
さいているといいなあ。
わたしの花は、いつさくでしょう。
どんな色かな。
まい日水をあげているのにさきません。

七月十八日

夏休みなので、あさがおをうちにはこびました。おかあさんがはこびました。

おとうさんが「あさがおをうえかえてやろう。」といいました。

わたしは「だめっ。」といいました。「学校のあさがおだから、さわったらだめ。」といいました。うちで水をやりました。

八月二日

なつみさんのあさがおの花がさいています。わたしのあさがおは、さきません。どうしてわたしのあさがおは、さかないのですか。なつみのあさがおは、四こもさいています。ひるごろしぼんだ。

八月三日

あさがおのはっぱがかれました。水をあげているのに、どうしてかれるのですか。わたしは、水をいっぱいあげて、「早くあさがおの花さきなさい。ほんとにもう。」といいました。

八月十四日

きょう、やっとわたしの花がさいていました。

「わあ、うれしい。」といいました。

青むらさきの花です。

わたしは花に水をやりました。よく見たら小さなつぼみが二こありました。あさがおは、ベランダにおいてあります。外ばかり見ています。あさがおは、足がないからどこにもいけない。

八月十六日

つぼみが二こさきのほうがピンク色をしていました。あしたさくでしょうか。ちがう色にさくと思います。

八月十七日

あさ早くおきてみたら二こさいていました。うすいピンク色でした。色が十四日のとちがいます。ふしぎです。あしたさきそうなつぼみがよこに三つあります。さきは、ピンク色です。小さいつぼみは、みどりです。八つありました。

八月十八日

きょうのあさがおは、ふじ色です。いろんないろのあさがおがさきます。ふしぎでたまりせん。

八月二十日

花が一つさいています。きのうさいたのは、ぐにゃっとなっています。あさがおのつぼみをさわったらくしゃくしゃしました。つぼみは、毛がいっぱいはえています。おとなじゃないのに毛が生えています。

八月二十一日

きのうさいたあさがおは、もうしわくちゃです。一日でおばあさんになりました。あさがおってどうして一日しかさかないのですか。あさだけさきます。きくの花は、なん日もさいています。あさがおなんで一日しかさかないのかな。

八月二十三日

あさがおが一つさきました。外は、ふじ色で中は、白です。すごく大きな花です。うれしかった。

八月二十四日

きょうも大きい花がさきました。花をとっておし花をしたけど、あさがおがかわいそうでした。わたしは、おかあさんが花をとったから江口先生におこられるかなあと思いました。

八月三十日

おし花ができました。うす赤くてまるいかたちをしていました。もうおし花はしません。あさがおがかわいそうです。

九月一日

二学きになりました。おかあさんがあさがおを学校にもってきました。みんなもってきました。しぼんだのがついていました。

九月三日

きょう学校へきたら、あさがおの花がさいていました。赤むらさきの花です。あさがおの花は、どうして色をつくったのですか。あさがおは、どうしてすぐしぼむのですか。あさがおってどうして一日しかさかないの。わたしは、あさがおっていう名まえだからあさしかさかないと思います。

九月十日

あさがおのたねができました。わたしのあさがおの花が「わたしは、あさがおのたねをとったらだめだよ」といいました。わたしは、あさがおのたねがみたいです。まだ小さいたねだからとったらかわいそうと思いました。

いいざか先生にそとのたねをとってきてもらいました。てつやくんのあさがおのたねは、三つはいっていました。こういちくんのあさがおのたねは、六つありました。わたしのたねは、四つありました。ひろこさんのあさがおのたねは、四つありました。先生のあさがおのたねは、四つありました。

わたしのあさがおのはっぱがすこしちゃいろになりました。あさがおのはっぱどうしてちょっとちゃいろになるのですか。

九月十二日

あさがおの花は、おひさまにあたるとしぼみます。あさがおは、どうしておひさまがきらいなのですか。前は、おひさますきだったのに。あさがおの花は、十時にしぼみます。ひかげにおいとくと、一時までさいています。あさがおのはっぱがちょっとかれています。

ガチャンと音がしました。わたしは、あっといいました。たい風みたいにつよいかぜです。まどのそばからあさがおのはちがおっこちました。きょうは、ひどいかぜです。先生があたらしいうえきばちにうえてくれました。あさがおは、ちょっとひやっとしたと思いました。

九月十六日

日ようとけいろうの日と二日休みでした。学校に来たらあさがおのはっぱがみんな下にさがっていました。土がからからになっていました。わたしは、コップで水を三ばいあげました。チュッチュッと音がしました。あさがおがよろこんで水をのみました。

二時間めの休み時間になったらはっぱがぴんとなっていました。あさがおは、水がおいしかったと思います。こんどからわすれないで水をあげるからねとひとりごとをいいました。

十月二日

またあさがおに水をあげるのをわすれました。あさからうんどう会のけいこをしていたからあさがおに水をあげるのをほんとうにわすれてしまいました。わたしは「ごめんね。」といいました。

水をいっぱいあげました。上のほうのはっぱは、ぴんとしています。下のほうのはっぱは、だらんとしています。わたしは、き色いはっぱにさわったらぽろっとおちました。おちたはっぱはかみみたいにかるいです。たねが、いっぱいできています。き色いけれどもさわってもおちないです。はっぱは、さわったらすぐおちるのに、たねは、おちません。どうしてですか。

花は、二つさいています。小さい花です。なつの花より小さいです。おばあさんになったからへんな花がさいたのですか。はっぱもおばあさんになっています。はっぱはき色でしわがよっています。わたしは、かわいそうになりました。

十月三十一日

あさがおを見たらかんさつだいの上にたねが二つおっこっていました。くろくて石みたいです。たねは、じぶんでおちるのですか。たねは、どうしてくろいのですか。

わたしのあさがおは、まだ青いはっぱがあります。てつやくんのとこういちくんのは、みんなちゃ色になってかれています。おなじ日にたねをまいたのに、どうしてとしよりのとわかいのがあるのですか。わたしのあさがおは、おそく花がさいたからとしよりにならないのかな。たねは、こういちくんがとってしまいました。ほしいというとこういちくんがおこるから、わたしは、ほしいっといわなかった。

十一月五日

国語の本を読みました。まどを見ました。

はが、ぽろっとおちました。

十一月十一日

きゅう食をたべながら、あさがおを見ていました。

はが、ぽろっとおちました。

十一月十二日

あさ学校に来たら、たねが五つおちていました。はも黄色になっておちていました。

十一月二十日

先生とあさがおのたねをとりました。ゆびで、まあるいところをおさえました。そしたら、ぽろぽろとたねが下におっこちました。わたしは、いそいでひろいました。どんどんとりました。はっぱがいっぱいおっこちました。もうたねがなくなりました。せきについて、たねをかぞえました。九十四こありました。わたしは先生に三つもらってうえたのに九十四こになりました。てつやくんは、百三十九こでした。こういちくんは、百三こでした。きいちろうくんは、二十八こでした。先生は、六十三こでした。てつやくんは、下におっこちたのをひろったから多いです。わたしは水しょうたいがないから、おちたのがわからなかった。てつやくんは、目がいいから下におっこちたたねがよく見えます。

先生が「このたね、どうしよう。」といいました。

こういちくんが「きょう、あさがおのたねまきをやろう。」といいました。

てつやくんが「うちにもってかえる。」といいました。そしたらこういちくんが「おれももってかえる。」といいました。

わたしは、おとうさんにあげます。おとうさんは、花がすきです。らいねんの五月十三日になったら、うちでたねをまきます。そしたら花がいっぱいさきます。

先生が「あさがおのはちの中にストローがあるかね。ねは、コップをもってるかなあ。」といいました。

てつやくんもこういちくんも「しらべてみよう。」といいました。

先生があさがおのはちをひっくりかえしました。

わたしは、もしかしたら、小さなストローとコップがはいっているかもしれないからよく見ました。見たけど、なんにもはいっていない。白いねがかみの毛みたいにうじゃうじゃしています。すごくからまっていました。どうしてお水をのんだかなと思いました。

ふしぎなふしぎなあさがおだなと思いました。

(2) 動　物

植物と同じように、動物にも親しませたいものです。ある子どもは、水槽の金魚をとってにぎりつぶしたり、ある子どもは、トンボやカエルをこわがってさわろうとしません。ウサギやモルモットにさわれない子どももいます。多くの子どもたちがさわっている動物にさわることができ、それらをかわいがり、いとおしむ心を育てることは、理科教育の第一歩です。

動植物が好きになり、大事に育てたいと思っても、そう簡単にうまく育てることはできません。動植物をうまく育てるには、それなりの条件をととのえなければなりません。その十分な知識が必要であり、それはまさに科学的認識の内容です。

はじめはこわがっていても、金魚でも、カメでも、ザリガニでも、ウサギでも、これらと接する回数が多ければ、子どもたちはみんな動物が好きになります。指導上大事なことは、こわがる子どもに無理に持たせたりしないようにすることです。遠くから見ているだけでもいいし、そばによって見ているだけでもいいし、そしてしだいに手でさわれるようになっていけばいいのです。

私の学級の子どもたちは、金魚にえさをたくさん与えすぎたり、ある子どもは、えさをやろうと考えて、そばにあったクレンザーを水槽のなかに入れたり、油粘土を入れたりしたことがありました。すると、金魚は死にます。こんなときは、えさと、えさでないものについてよく説明してやらなければなりません。

こうしてひとつひとつよく説明してやりながら小動物への愛情を育てていくと、モンシロチョウをつかまえてむしっていた子どもも、モンシロチョウが菜の花の上で何をしているのかをよく見つめるようになり、鳩を見るとすぐ砂や石をなげつけていた子どもも、えさをおいて、食べにくるのをじっとまっていることができるようになります。

家庭で、金魚や小鳥を飼い、犬や猫やハムスターを飼って、その世話をさせることは大きな教育的な意味があります。それは生命を大切にし、責任をもって自分の仕事をするというようなことはもとより、なき声でその動物の心を察したり、それぞれの生き物の生態を細かにとらえることができるようになったりして科学的知識を身につけることができるからです。

(3) 気象・天体

「明日は風速の40mの台風がくる」ときくと、それでは、近所の店の看板も飛んでいくだろうと考えたり、「あれはオリオンだ。きれいだなあ」と夜空の星を見たり、夕焼けを見てきれいだなあと感じたり、雲にはいろいろな形があるなあと思って空を見たり、美しい虹を見つめたりすることは、人間の生活にとってたいへん大事なことです。

また、太陽を中心にして四季の変化を考えることができ、気温に対応した生活ができることも大切なことです。

日常生活のなかでは、高度な知識は必要ではありませんが、年間をとおして話題になるようなことがらについては理解できるようにしたいと思います。

(4) 人　体

人体についての知識は、健康の観点からも、安全の観点からもきわめて大切です。

泣いている子どもに「どうしたの」ときくと「おなかが痛い。このへんが痛い」とはっきり教えてくれること、「げりしているの」「のどが痛いの」というように、自分の体の状態について話すことができるということはたいへん大事なことです。39度も熱があるのに学校にきたり、宿泊旅行のとき、てんかんの薬を忘れてきたりすることなどのないように、自分で自分の健康な生活について気をつけることができるということは、障害をもつ子どもたちにとってとくに大切です。

歯を見せ、目を見せ、内科の検診をうけることができること、注射が受けられることなどもきちんと指導していかねばなりません。

ある子どもには「何月何日は、かぜをひかないように注射をするよ。痛くないよ。泣かないでやれる」とインプットして、注射のまねをして遊ぶようなことも必要です。歯の検査ができない子どもも、歯医者さんごっこをしたりして遊ぶようなことで、うまく検査がうけられるようになります。しかし、しだいに、そのことをしなければならない理由を理解して検査や治療を受けられるようにしていかねばなりません。

また、性的なことについては、道徳的に考え、自制する力を身につけることが必要であることも理解させることが必要です。「はずかしい」という感情は、おちんちんのところをおさえてかくすような動作とともに教えることが効果的です。

(5) その他（物理・化学分野）

ここには、子どもたちが興味深く学習する教材をあげました。これらは（かざぐるま・糸でんわ・じしゃく・ルーペ・豆電球など）実際にたくさん遊ばせることが大切です。子どもたちがこういう教材に熱中しているとき思わずもらす感動的なことばに共感しながら、いっしょに楽しく遊ぶようにします。

C「先生、ほら、ついた。光った」

T「うん、光ったね。すごいなあ」

C「あれ、こんどはつかないな。どうしたのかなあ。へんだなあ」

T「そうだね、おかしいね。もっと、いろいろやってみて」

こんな会話をかわしながら、授業をすすめたいと思います。それらのことばをおぼえておいて、後で思い出させて、詩や作文に書かせることも効果的です。

V　体　育

(1)　体の動き・指先の動き

いわゆる「不動の姿勢」で５分間くらい立っていることができるということは、ある子どもにとってはかなり高度な課題です。それは、気が散らない、落ちついた状態を持続するために、自分の理性と意志で自分を統御しなければならないことだからです。これができるようにするためには、そばで支えていたり、足のまわりに円を書いて「まるから出ない。出ない。動かない。動かない」などと、声をかけながら、衝動的な行動を自分でおさえさせ、がまんすることを習得させなければなりません。

また、反対に全身を（指先もふくめて）敏捷に動かすことのできる力も伸ばさねばなりません。そのためには、じゃんけんのように、すばやい判断によって行動することができるようになるための練習が必要なものもあります。

このような身体の静と動の機能または技能は、体育の基本的な指導内容です。それは、歩く・走る・跳ぶ・ボール運動・平均台・鉄棒運動など全般にわたって必要とされる瞬発力とバランスをとる力でもあります。

(2)　歩く・走る・跳ぶ

歩行訓練というのは速くそして長く歩く力を伸ばすのですが、登下校はじつに大きな訓練の場です。１人で歩いて通学できるということはたんに足の力だけでなく、知力も必要であり、意志力や注意力も成長させる教育の場です。このことは、学校教育としてよりも家庭の指導としてすすめてほしいことです。

300mから500mくらいの距離を１人で登下校できる力は、目的意識をもって歩くことであり、徒競走の力ともつよく結びついています。また逆に、校庭で「うさぎ小屋に行こうよ」といって１人で歩かせるようなことをすることから１人で登下校する力を伸ばしていくこともできます。歩く力は歩くことによって、走る力は走ることによって伸びていきます。１年生から６年生までいっしょに走ることによって、低学年は高学年の模倣をして、高学年は教師を模倣して、よい姿勢で走ったり、跳んだりすることができるようになるので、大きな集団で指導することも効果的です。

⑶　ボール

最初は、両腕を前に出させ、その腕のなかに大きなボールを入れてやるようにして、ボールを受けとる喜びを感じさせるようにします。それから、股を大きくひらいてすわり、足のなかにボールをころがしてやり、そのボールを相手に手で押し返すような遊びをします。こうしてボールになれさせ、まりつきなどで数の競争を楽しむようになると、各種のボール運動ができるようになっていきます。

⑷　平均台・バランス・マット

はじめは平均台に乗ることをこわがりますが、体をだいて少しでも足を平均台につけるようにして、しだいになれさせていきます。手をひいて、すり足で平均台の上を進ませ、だんだん１人で歩けるようにしていきます。「先生がもってないと歩けない」という子どもには後ろから体育着をひっぱって、もっていると思わせながら歩かせると上手に歩いていけたこともありました。

マットの上で、くすぐりっこをしたり、プロレスごっこをしたりして遊ぶのは楽しいことです。そして、マット運動にスムーズにはいっていけます。全身が器用にうごくようになります。

マットに両手をつかせ、頭を下げさせ、後頭部と肩をマットにつけるようにして、体を押すと前転ができます。１人でやれるようになると、前転のあと、足をちぢめて、すぐにつづいて前転ができるようにしむけていきます。

(5)　のぼり棒・鉄棒

のぼり棒や鉄棒が上手にできるには、握力や腕の筋力・腹筋・背筋力など、からだ全体の筋力が強くなければなりません。この力の弱い子どもや肥満体質の子どもは、のぼり棒や鉄棒は、はじめからやろうとしません。だから、ゆっくりと無理をしないでなれさせていくようにしなければならないし、鉄棒に両手でつかまってぶら下がり、自分の体をぶらんこのように振ることができるようになればもうしめたものです。

鉄棒になれさせるには、両手でつかまって片足を上げること、つかまったまま跳ぶこと、片手でつかまって片足を上げるなど、簡単にできることをさせながら恐怖心をなくしていかねばなりません。また、日常生活のなかで重い物を持って歩くようなことや腕ずもうなどをして遊ぶことも、筋力を強めるうえで大切なことです。

(6)　水　泳

水泳はまず水になれることからはじめなければなりません。ミニプールで水遊びをしながら、頭や顔に水がかかってもいやがらないようにして、プールにはいれるようにします。でも、腰洗い場にはいると、あの大きな広いプールにはいらねばならないと思って逃げていく子どももいます。シャワーにかかるのも、シャワーにかかることはできるのに、「つぎにあの大きなプールで……」と考えて泣き出す子どももいます。こんな子どもには、プールで楽しそうに泳いでいる子どもたちの姿を見せることも必要です。

大きいプールにはいれるようになったら、肩に手をおいて汽車ポッポの歌を歌いながら歩いたり、少しずつ、水かけっこをしたりしながら泳ぐことになれさせていきます。

⑺　ラジオ体操・その他

体育朝会・子ども会・キャンプ・宿泊行事と、いろいろなときに、よくラジオ体操をします。そこで、１人で音楽に合わせてできるように指導したいと思います。それは、このような行事があるからラジオ体操を教えるということではありません。１人でラジオ体操が上手にできるということは、自分で体を柔軟に動かしながら体調をととのえていくことが自分の健康を守っていくうえで大切であるということを自覚することのひとつだからです。手を上にあげるときはひじを曲げないでまっすぐ伸ばし、体を前後左右に曲げるときは限界まで曲げることがいい、ということを意識して体を動かすことが大切だという自覚をもつこと自体が、価値のあることだからです。

そのほか、団体競技に参加して勝敗を競い合うことができるようになれば、運動会の楽しさを大きく味わうことができるし、また、体育の時間の器具を自分たちで用意することができるようになると、義務教育を終わってから、各種の青年のクラブなどでスポーツを楽しむことができるようになります。

いま、私は大田区の社会教育課の主事として青年学級の運営を担当しています。障害児学級を卒業したこの青年たちはスポーツが好きで、区の施設を利用して球技大会などをして楽しく日曜日をすごしています。こういうことができるような力を学校教育のなかで身につけておいてやりたいと思わないではいられません。

VI 音 楽

(1) 身体表現

1年生に入学してくる子どもたちのなかには、幼稚園や保育園で習った歌を、何の歌であるかわかるように歌うことができる子どももいます。

しかし、全体的には、障害児学級の1年生は上手に歌を歌うことはできません。そこで音楽の時間は身体表現を中心にすすめるほうがいいと思われます。

カセットに、いくつも曲を入れておいて、スイッチを入れるとつぎつぎに曲が流れます。「ぞうさん、ぞうさん、おはなが長いのね」という曲では、右手を鼻にして大きくぶらぶらと動かしながら、のしのしと歩きます。「ちょうちょ、ちょうちょ」という曲が流れてくると、両手をひらひらさせながら走りまわり、また、ある子どもの頭を花にみたてて手をおいたりします。「うさぎ、うさぎ、なにみてはねる」という曲では、うさぎ跳びをします。子どもたちは、ちょっと模倣するようになります。この模倣運動をだんだんしっかりしたものにしていくように、子どもの手をひいたりしながら楽しくおどります。カセットには、「むすんで　ひらいて」「げんこつ山のたぬきさん」「大きなくりの木の下で」「こぶじいさん」「糸まきまき」「握手でこんにちは」「夕やけこやけ」「ピンポンパン」「アブラハム」「1人の小さな手」など、たくさん入れておいて、ときには、休憩もいれておいて「さあ、やろう」と立ち上がっておどるようにします。これらの音楽にあわせて、カスタネットやタンバリンをもたせて2拍子や3拍子や4拍子の打ちかたになれるようにします。

そして、運動会や学芸会のリズム運動やゆうぎにも結びつけていくようにします。

(2) 歌　唱

身体表現を楽しんでやるようになると、ある歌をいっしょに歌うこともできるようになり、また、それぞれの子どもたちに独唱させることもできるようになります。「さいた、さいた、チューリップのはなが。ならんだ、ならんだ、……」と歌わせると「――た、――た、――だ、――だ、」と「た」と「だ」の声だけ大きく出したりします。これも楽しいものです。また、歌を歌わせるときは、口型をしっかりと模倣させながら声を出させるようにするとうまく歌えます。

歌は、たくさん耳に入れることによってうまく歌えるようになります。そうじをするときなど「あんまり、いそいで、ごっつんこ」と、カセットをかけたり、いっしょに歌ったりすることや、指の運動といっしょに歌うことなども歌詞をおぼえさせるよい方法です。

(3) 演　奏

わたしの学級では1年生からピアニカをもたせています。そして、ピアニカがひけるように指導しています。

まず、口をとがらさせて「フーッ」と息を吹き出す遊びをします。机上に小さくちぎった紙をおいて吹かせると、おもしろがって口をとがらせて吹きます。ボール紙を小さく切ったものにすると、息を強く出すようになります。笛やハーモニカでも音を出させます。それからピアニカをひかせるようにします。

まず「ドレミ、ドレミ」とチューリップのうたを階名でおぼえさせます。ピアニカの鍵盤には「ど・れ・み・ふぁ・そ・ら・し・ど」とハ調の階名を書いておきます。そして、人さし指を持ってチューリップのうたをいっしょにひいていると、だんだん「さいた、さいた」のところだけはひけるようになり、しだいに全部ひけるようになります。「ドレミファミレド」

とかえるの歌などもやさしい曲なので、階名をおぼえさせるとひけるようになります。「ドドソソララソ」ときらきら星などもはやく習得できます。

このくらいの曲がひけるようになったら、画用紙に、知っている歌を階名でたくさん書いてやります。すると「夕やけこやけ」でも「たきび」でも、どんどんひけるようになるし、前奏も後奏もつけてひけるようになります。みんなで合奏すると、力強い演奏になります。

私の学級では、各人のピアニカのほかに、学級用として大太鼓、小太鼓、木琴、タンバリン、すず、カスタネット、木魚、トライアングルなどをそろえています。これらで１年から６年までの全員で合奏します。ピアノも子どもにひかせます。ピアニカをひける子どもはピアノもひけるので、かなりうまい演奏ができます。本書の「第３部」のところで伊藤暁子さんのお母さんが「音楽会での思ってもみなかった暁子のピアノ伴奏の姿を見ながら感激に胸がつまりました」と書いておられるのも、このようなカリキュラムによる指導の結果でした。このときの曲目は「しょうじょう寺のたぬきばやし」「みなと」「春がきた」「たのしいワルツ」でした。とくに知的に高い子どもがいるのではありません。養護学校から見学にみえる先生方は「うちの養護学校の子どもたちとあまりかわらない子どもたちですね」といわれる方もあります。私はいつも、子どもたちは大きな可能性をもっているのだと思いつづけてきましたが、障害児学級でもやはり子どもたちは大きな可能性をもっているということを確認することができました。

章末に参考までに器楽合奏のための楽譜の例を載せておきました。

(4) 鑑賞・その他

私の学級では、毎年オーケストラの鑑賞をしています。また、全校の音楽会もあります。だから子どもたちは全体として音楽が好きです。障害児学級の子どもも音楽が好きで、楽しく歌ったり演奏したりしています。

しかし、楽譜を読んで演奏するところまではいっていません。知らない歌でも楽譜を見てピアニカなどでひけるといいのですが、この指導はなかなかむずかしいと思われます。

テレビなどでは低俗な流行歌が歌われています。それらの低俗性を批判する力も身につけたいと思います。しかし、これも容易なことではないとつくづくと感じさせられています。

はるが　きた

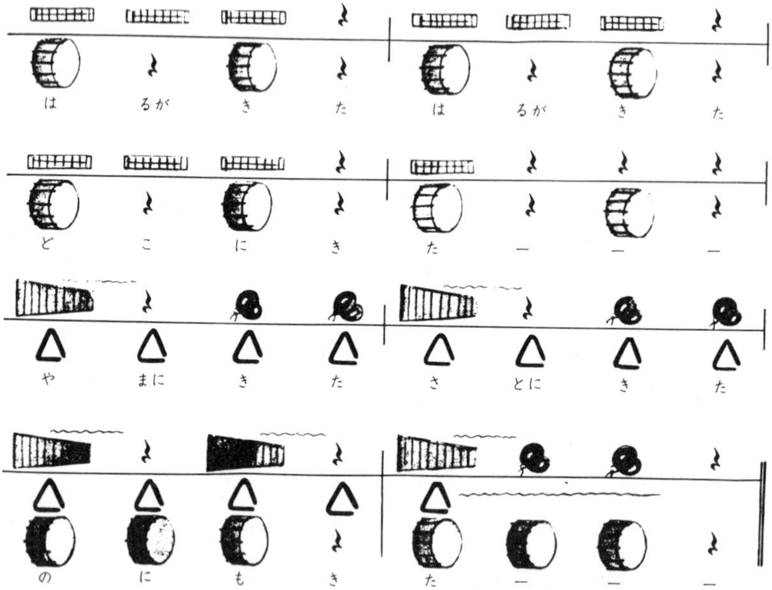

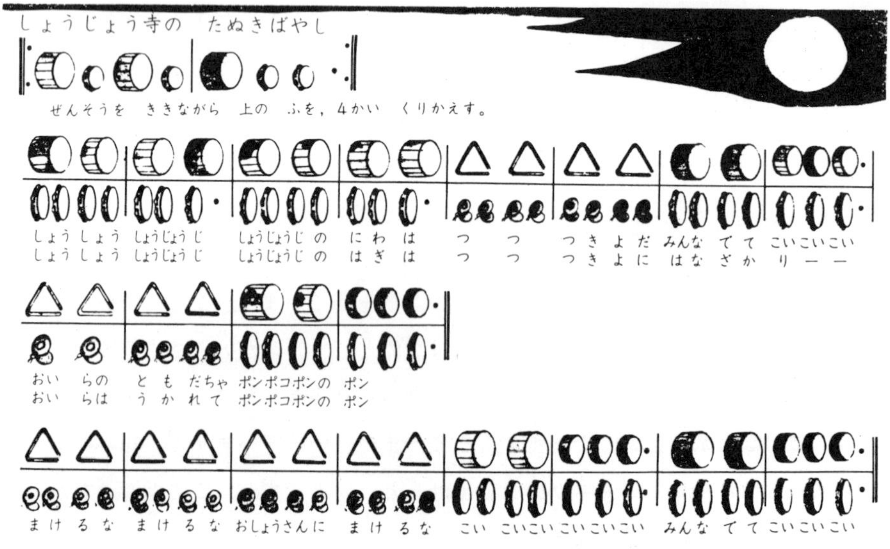

VII 図 工

(1) 描 画

かわいいもの、美しいもの、愛すべきものは、だれも写してとっておきたいと思うものです。子どもが絵をかきたいと思うのも、そんな気もちがあるからです。でも、かく力がなければ写してとっておきたいと思ってもできません。

絵は、線と形と色でかき表します。線をひき形をかくには、子どもの場合、そのこと自体の興味が必要です。だから、色のサインペンやフェルトペンを用意しておいて楽しく自由にかくようにしておきたいと思います。子どもは１枚の紙に１本の線をかいて、つぎの新しい紙にかこうとします。やがて、１枚の紙に何本もの線をかくようになります。そして、たくさん、なぐりかきをするようになります。しかし、それらは何をかいたのか話してくれないので意味をとらえることは困難です。

このころ、私は１本の線や、１つの円がかけるようにします。ある点からある点まで線をひくこと、１つの円をかくことができるようになったら、「ママをかこうね」といって顔をかいてみせます。 子どもは私のかいた線がきの絵を模倣してママの顔をかきます。それからパパの顔もかいてやって模倣させます。つづいて、「ぶらんこかこうね」「花をかこうね」などといって、かいてみせ、模倣させます。模倣してかいた絵も、まったくそれらしくはかけていませんが、このようなことで、人物や物を写してかくということを理解します。それから「先生をかいて」「インコをかいて」「友だちをかこうね」「金魚をかこうよ」「すべりだいをかこう」などと素材をひろげます。しかし、これらの絵も、何をかいているのか、はっきりわかる絵ではありません。

つぎに、国語で「きのうのことを話す」という学習をつづけるなかで、生活の絵をかかせるようにします。「きのう、ママとおふろはいったの」といった子どもには、おふろの絵をかかせ、「ママと、びょういんへいったよ」という子どもには、病院の絵をかかせます。しかし、これらも、それとわかる絵ではありません。

そこで、私はあゆみ出版発行の「こくごのほん」の絵を見せ、模写させることをつづけました。すると、どうやら、ぞうも、きりんも、電車も自動車もそれらしく見えるようになりました。

このあとは、それぞれの自由な表現を大切にして、生活の話のはいっている絵をかかせるようにしました。

しかし、自閉的な傾向の子どもたちは、物や人物を見て写すようにかくことは困難です。自分がかきたい、ある種のひとつの絵をかきつづけます。ある子どもはクモの巣しかかかないし、ある子どもはおはじきを並べたような○印しかかかないし、ある子どもはドラエモンの絵しかかかない、という状態です。「お父さんの顔をかこうよ」といっても「お母さんがそうじしているところかこうよ」といっても、けっしてかこうとしません。自分がたきつづけている絵しかかきません。これを変容させていくことは、たいへん大事なことです。それは、そばで、新しい題材でかいてみせることを数多くつづけていくことが必要です。すると、「クモの巣」から「電車」の絵になり「いっぱい人が乗っているよ」といって窓のところに人間をかくと、だんだん人のいる絵をかくようになります。１枚の絵には、クモの巣があり、電車があり、「婦人百科」という文字がこの絵の上に大きくたかれている絵ができあがります。こうして、生活の話ができるようになっていくと、だんだんリアルな絵になっていきます。

(2) 粘土・その他

全員で、粘土を集めて大きな山を作って、木の枝をさしたり、大きな金魚やどじょうをかいて、それに赤い紙をちぎってはったりするような集団で作り上げることをしていくと、自分たちで創作しようとする気持ちが育ってきます。こういう創作する集団のなかの１人として参加することはどの子にとってもきわめて大切なことです。しかし１人ひとりの造形力が伸びていかなければ、集団の大きな製作はできません。粘土・紙工作・木工・金工、いろいろなものを教材にした工作などで、個人の創造力を高めていくことを基盤にしたなかで集団の力は大きくみのります。

そこで、粘土を板の上で伸ばして「へびだぞう」といっておたがいの顔に近づけるようなこと、好きな料理(ハム・ソーセージ・目玉やき、など)を作って遊ぶことなど、たくさんやらせたいと思います。

はさみを使うこと、金槌で釘を打つこと、糸やへらで粘土を切ること、錐で穴をあけること、ペンチで釘をぬくこと、彫刻刀を使うこと、鋸で木を切ることなど、たくさん経験させたいと思います。

私は安全を配慮するあまり、いろいろな子どもの創作制作活動に手を出しすぎることを反省しています。たくさん失敗させることが、じつは教育ということ、技能、技術の習得ということであると考えねばならないと思います。

VIII　家庭科

男の子にしても女の子にしても、仕事をして一定の収入を得ること、そして結婚して安定した家庭生活をおくることができるよう指導していくことは、この教育の最大の目標であるといってもいいのではないでしょうか。

私の担任した子どもたちも、結婚ということばは3年生か4年生くらいからよく使っていました。「江口先生、わたし、大きくなったら江口先生と結婚したい」などとプロポーズしてくる子どももたくさんいました。こんなとき「およめさんに、なれるかな。およめさんって、どんなことするの」ときくと「買い物して、ごはんつくるの。おかずもつくるの。せんたくもするよ。おふろわかすの」などと答えます。だいたい、お母さんの仕事を考えて答えます。しかし「おむこさんと、だっこするの」などと答える子どももいるし、「赤ちゃんをうむの」などという子どももいます。こんなとき、男の子が「エッチ」などというと「お父さんと、お母さんはエッチだよ」と、いろいろ話してくれる子どももいました。

女の子にとっても男の子にとっても、結婚ということではなく、家族の1人としてよい生活ができるように家庭生活についての知識と技術を習得させることは大事なことです。その内容をここにあげていますが、学校ではなく、家庭でお母さんに指導してもらうほうがいいものもあります。

家庭科の内容は衣・食・住にかかわることであり、また、男女の民主的なかかわりとその生活のしぶり、さらに、家族の1人としてのよい生き方を学ばせることです。

私は（小学校）週1時間、主として、衣と食にかかわる内容を高学年に課してきました。針に糸を通して、ふきんを縫わせると、思いもよらない子どもが熱心に上手につづけることがありました。ししゅうも、ああ、この子がこんなにできる、と驚くことがありました。

調理実習は、ホットケーキを作ったり、ごはんと味噌汁と目玉やきなどもよく作りました。カレーライスも作りましたが、これは小学校では高度すぎて、教師のすることが多いようです。しかし、包丁でにんじんやじゃがいもや玉ねぎや肉を切ることはできます。だから部分的な実習になります。はじめから自分たちで作るものをきめて何を用意しなければならないかを考え、それらを買い求め、ガスを使い調味料を使う実習は、中学・高校での内容だと思います。小学校では、ナイフでリンゴの皮をむくことや目玉やきを作るていどではないでしょうか。家庭でお母さんの手伝いをすることが、実際的な調理実習です。学校教育としては、その基礎的基本的なことを習得させたいと思います。

私は以前に「きょうは、うちで、お手伝いをしてきなさい」といって帰したことがありました。そしたら翌日、子どもがこんな日記を書きました。

おてつら《(だ)》い　　　　　　　　　　小野一郎

きのうはおうちにかえりました。そしてテレビのおそうじをやりました。ママレモンでやりました。ごしごしやりました。サワ（シャワー）でやりました。みずでやりました。テレビがぬでました。たたみをママレモンでやりました。サワでやりました。たたみをぬでました。ぼくもぬでました。おとうさんがかいさからかえてきました。おつかいからかえてきました。そしてとうふやさんがかつてきました。とうふを２つかてきました。そしておてつらいがおわりました。ぬでたのでしかれました（しかられました）。

こういうことになるとは思わず、お手伝いをしてくるという宿題を出して、私はうかつさを反省しないではいられませんでした。

また、つぎのような日記を読むと、これこそ、基本的な家庭科だと思わないではいられません。

ま　ま　　　　　　　　　　　　　　　　土田彰子

ままが　かぜをひきました。わたしが　おとうとを　おもりをしてやりました。ままが　そろと　あるいて　びょういんにいきました。かえってから　ゆうごはんをわたしがつくりました。おこめあらってでんきがまでたいた。ままが　きゃべつと　トマトきって　まよねずをかけてたべた。ままが　ごはんをたべてねました。わたしは、ままのふとんをしいてやりました。

のぶや　　　　　　　　　　　　　六年　松永幸一

のぶやは、おとうさんとおかあさんを、ばっとでころしました。おとうさんとおかあさんは、あたまからちがでました。のぶやはわるいこです。のぶやはおまわりさんにとっつかまえました。もう、ろうやです。みんながびっくりしました。かあちゃんが、あたまがいたいといいました。ぼくが「すぐなおるよ。」といいました。かあちゃんはふとんをだしてねました。ぼくはそとにでないで、うちにあそびました。さびしいでした。

かあちゃんがおきました。「おとうさんがかえってくるよ。」といいました。おとうさんがすぐかえってきました。にわとりの足をかってきました。かあちゃんが、おとうさんのふくをたたみました。

かあちゃんはかぜをひきました。花（鼻）水がでました。はやくびょういんにいかなくちゃと、おとうさんがいいました。夜になりました。おとうさんが、かあちゃんのせなかをもんであげました。かあちゃんが、きもちよくなりました。もういいですよといいました。ぼくはあんしんしました。ぼくは大きくなったらバスのうんてんしゅうになりたい。とおもいました。おかねをもうけたいです。とんかつと、とりの足をかってかえります。そしてかあちゃんとたべます。ぼくはねむりました。これでおしまい。

IX　生活勉強・認識諸能力・道徳的生活

ここにあげた各項目には、社会的に自立して生活していくことができることを願って、やさしいものから高度な事項までふくめました。この全項目に○印がつけられるならば、それは理想的な人間といえるかもしれません。とくに「道徳的生活」などはそういうものなので○×で評価することはむずかしいものです。しかし、こういうことも教育の視点として持っておくことは大切なことだと思います。

「生活勉強」の「(1)人とかかわる力・遊び」については、幼児期から到達目標として考えられることをあげました。国語や社会科とかさなるものもありますが、人間の成長は全体的でかさなっているものなのでとり入れました。「(2)１日のながれ」は「①登校まで」「②学校で」「③帰宅後」「④入浴」にわけて細かい項目をあげました。もちろん、つぎの「(3)あいさつ」などは「１日のながれ」のなかにはいるものですが、毎日は使わない「おめでとうございます」というようなあいさつもありますので、あいさつはあいさつとして別項目にしました。「(4)自分のこと」は、毎日毎日の身辺生活の自立への内容です。「(5)家のこと」は家族の一員としての生活に必要なことをあげました。

「認識諸能力」というのは、主として思考力の内容をあげました。それらは、記憶力・理解力・推理力・想像力・連想力・批判力・分類する力・論理的科学的思考力・関係を判断する力・現実と事実に即して考える力・三段論法などの論理的構成力などです。このような認識諸能力は、各教科と生活力をささえる人間の力の大事な一面です。

「道徳的生活」というのは、主として社会の一員として生活していくために身につけたい内容です。もちろん、個人的な事項もたくさんふくまれています。そして到達しているかどうかよくわかるものもありますが、人間の理想としてとらえなくてはならぬものもあるため評価になじまないものもありますので、ご配慮いただきたいと思います。道徳的生活は「わかる」ことと「そのように実行する」ことが結びつかねばなりませんが、結びつかないのが人間のありのままの姿であると見てよいと思います。「そういう方向で努力している」というような見方が必要ではないでしょうか。ここの項目はこういう、別の見方をしていただきたいと思います。

この「Ⅸ」のうち、とくに「生活勉強」のなかの「⑴人とかかわる力・遊び」、「⑵１日のながれ」のなかの「①登校まで」「③帰宅後」、「④入浴」、「⑶あいさつ」、「⑷自分のこと」、「⑸家のこと」などは、主として家庭で指導しなければならないことが多く、また家庭と学校が協力してできるようにしていかねばならないものがたくさんあります。これらは父母会やＰＴＡのときなど、それぞれの項目について、どのように家庭で指導しているか、効果的なよい方法などについて話し合うようにしたいものです。すると、お母さん方からよい知恵がたくさん出てきます。

私の学級でもよく話し合い、おたがいにお母さん方がアドバイスし合いました。その内容をここにくわしくあげることはできませんので、それぞれの学校・学級でのこのことについての豊かな話し合いのなかでみのらせてほしいと思います。

またこの章には、生活性の発達の観点からのもの、生活行動の力、これらを支える認識の諸能力、また市民として、社会人として身につけなければならない好ましい精神と態度にかかわるたくさんの項目をあげています。

これらの成長を進めていく指導のよい方法について、ここにいくつかの例をあげておきたいと思います。

〈例１　頻尿の子ども〉

１年生に入学してきたＳ君は、おちんちんの前をいつもぬらしていました。学校に来たとき、もう、少しぬれているし、ぬれているのに気づくたびにパンツやズボンをとりかえていると、毎日10回以上とりかえねばなりません。いわゆる頻尿の子どもでした。「おしっこ」とは言ってくれないし、私は休み時間ごとに便所に連れて行き、そして、パンツとズボンをとりかえていました。

しかし、これでは頻尿は治らないと思い、この子を私は毎日５分おきに便所に連れていくことにしました。少し出るときもあり、出ないときもありましたが、これをつづけてパンツを絶対にぬらさないで１日をすごさせることにしました。少しばかり失敗することもあって、１日に１、２回とりかえることもありましたが、ほとんどいつも乾いた清潔感を習慣化することができました。それと並行して、便所に連れていくのを10分ごとにし、またしばらくして15分ごとにし、さらに20分ごと、25分ごとと延ばして、３カ月以上かかって１時間の授業45分間をちびることなくすごさせるようにしました。これには、心理的な安定感も大切にしなければならないし、水を飲むことをひかえさせるようにもしました。

これは家庭でも同じような指導をすることが大切です。そして、このようなことに子ども自身が努力する気持ちを育てることは、排尿感覚の意識化・その認識力の形成、また人間らしい清潔感を身につける道徳的なよい習慣の形成でもあります。

〈例２　偏食の指導〉

偏食指導の基本は、その子が食べたがらないものを、目の前で「おいしい」と言い、その表情を見せ、食べてみせることを気ながにつづけていくことだといわれています。私は無理に口に入れてやって、その味になれさせようとしましたが、こういう方法は失敗でした。自分から喜んで食べるようにするには、やはり好きにさせなければならないし、そのためには教師自身が好きになり、まわりの子どもたちにも好きにさせ、みんなで喜んで食べるようにしていくなかで、ほんのちょっとでも食べる自主性を育てていかねばなりません。

しかし、このようなオーソドックスな方法ではなく、個々の子どもには、その子どもなりの指導のしかたをみつけ出すことが大切です。私の学校の介添の仕事をしてくださった飯坂さんは、学級文集「はとの子」にこんな文を書いておられます。このような個別的なよい指導法をみつけていきたいと思います。

　卒業おめでとうございます。入学当時の晋ちゃんは、みどりのはっぱが大すきで、毎日はっぱの絵を描いていました。給食に出るほうれん草や小松菜がきらいでした。小松菜がでた時、
　「晋ちゃん、これ、みどりはっぱだよ」
　というと、
　「はっぱ、はっぱ」と言って目をまんまるくしてのみこんだ顔を思い出します。

〈例３　留守番のさせ方〉

　１人で、１時間以上留守番ができるということはたいへんよいことです。お母さんは１人で買い物にも行けるし、弟や妹などの学級ＰＴＡなどにも行けます。また、障害児学級の父母会などの集会にも参加できます。また、父母が共ばたらきをすることもできるようになります。この留守番の指導法についてあるお母さんはこんな話をしてくれました。

「まずね、となりの家に２、３分行くようにします。そんなときは、すきなテレビをみせています。それから、電話機をとって応答できるように、電話のけいこをしたんです。受話器をとって話すことができるようになったら、近所の家に行って、５分おきくらいに電話して20分くらい留守番できるようにします。それから、何かすきなことで１時間以上できるようなことをみつけます。さいわい、うちの子は国語の本を何ページも写すことができるようになったので、写させておいて、ときどき電話することにしました。いま、どこ写してるの、読んでみて――というような電話をして、うちにいることを確めながら父母会に１時間以上参加できるようになったんです」

〈例４　指先の器用さ――ボタンかけなど〉

　子どもたちは衣類の着脱がうまくできないので、たいていボタンやチャックなどのないものを着ていますが、これではかえって指先を不器用にす

るようなものです。ボタンがうまくかけたりはずしたりできないならば、なお、ボタンのあるものを着せて、毎日それをかけたりはずしたりさせて器用さを育てていかねばなりません。そこで、上着に大きなボタン１個と、大きなあなのあるものを着せ、そのボタンのかけはずしがうまくなったら、少し小さなボタン２個にして、入れやすいあなを作って着せるようにします。それから、もっと小さなボタンのついた衣類にし、そして、普通のシャツの小さなボタンも、ズボンのボタンもうまくかけはずしができるようにしていきます。こんな指導の工夫もお母さんたちのなかから生まれてきます。こうして指先が器用になると、文字も上手に書けるようになります。

〈例５　家庭科の場合〉

学校でカレーライスを作りました。しかし、２、３回こんな調理実習をしたからといって、それが身につき、１人でカレーが作れるようにはなりません。そこで、カレーライスの調理実習にかぎらず、学校の授業と家庭でのお手伝いをいっしょにつなぐようにしていきます。学校でナイフを使ってりんごの皮をむく実習をするときは、家でもこのことをやるようにします。

学校でカレーを作ったとき、岩塚さんは、こんな作文を書きました。こういう学校と家庭の連携はじつにたいせつなことです。

カレーライス　　　　　　　　　　　岩塚葉採

火よう日うちにかえると、おかあさんが、
「こんど学校でカレーライスをつくるから、ほうちょうのつかいかたを、れんしゅうしないとだめね。きょう、うちでカレーライスをつくるよ。」
といいました。

わたしはうれしかった。おかあさんが、
「はつみ、にんじんをきりなさい。」
といいました。ほうちょうできりました。大きいにんじんや小さいにんじんができました。おんなじにきるのは、むずかしかった。

おばあちゃんが、じゃがいものかわをむきました。わたしは、ほうちょうできりました。大きいのと小さいのができました。

おかあさんは、さらだをつくりました。わたしは、にくをきりました。ちからを入れてきりました。

にんじんや、じゃがいもをなべの中に入れました。にくも入れました。カレーも入れました。もうできあがります。

ごはんがたけました。おかあさんが、ごはんをおさらに入れてカレーをかけました。みんなでたべました。いっぱいたべました。

わたしは、じぶんでつくったカレーをはじめてたべました。うれしかった。またつくりたいと思いました。おかあさんが、

「学校で、カレーをうまくつくれるかね。」

といいました。わたしは、

「うちでつくったんだから、学校でもつくれるよ。」

といいました。でもガスに火をつけるのがこわいです。

〈例6　思考と表現の的確性・多様性〉

認識諸能力というのは大きな2つの側面があります。ひとつは目の前にあるもの、または五感でとらえることのできるものについての理解や判断です。もうひとつは五感で直接的に認知できない、その場にないものを想像によって認識する力です。

こういう認識諸能力を伸ばすには、多面的な指導が必要です。ここではその全面にわたってのべることはできませんので、その一部分の「思考の的確性・多様性」の指導の実践例をあげておきたいと思います。思考の的確性・多様性を伸ばすには、語彙を豊かにすること・主述関係の照応力・質問と応答の対応・可逆思考・助詞や助動詞・アスペクト動詞などの力が必要です。とくにアスペクト動詞の力を身につけることは、「食べている」「食べはじめた」「食べようとしている」「食べかけている」「食べつづけている」「食べおわろうとしている」「食べおわるところだ」「食べおわった」「食べてしまった」などと「食べる」行為にも多様な状態があるこ

とを、細かに的確にとらえて表現する力ですから、思考と表現の的確性を伸ばすうえで、たいへん大事な指導の内容であるといえます。

そこで、ここに15項目の例をあげましたが、私はこのようなことをたびたび指導してきました。黒板に「おかあさんが」と書いてみんなにこのあとを自由に表現させます。すると、子どもたちはこんなことを言います。的確なものもあれば不的確なものもあります。これらをみんなで考え合います。つぎは「おかあさんは」と書いて発表させます。ここでは「おかあさん」につづく４つの助詞をあげましたが、まだいろいろな名詞に「を・で・も・へ・より・から・まで……」など助詞をたくさんつけて、的確な表現力と多様な表現力を伸ばしていきたいものです。

しかし、多様性といっても、それが通用するものと、しないものがあります。「学校がみえます」というのは日常言語ですが「学校が泣きました」というのは、日常言語ではなく一種の文学言語です。これらの扱いは論理性を重視しつつ、事実に即した表現を中心にして、誤りは誤りとし、多様な表現力を伸ばしていく豊かな指導を展開したいと思います。

これらのほか、「とんぼを」「うんどうじょうで」「きょう、うちにかえったら」「ほしをみると」などと、黒板にたくさん書いて、自由にことばをつづけさせ、思考と表現の論理性・的確性を伸ばしつつ、その多様性(柔軟性・拡散性・個性的表象性) を育てたいと思います。そして、これらの認識力をとおして現実認識を確かなものにしていきたいと思います。

①おかあさんが、

・おりがみを買ってもらいます。

・おりがみを買ってくれました。

・好評発売中。

・学校にかえりました。

・コマーシャルなし。

・ないしょくをしています。

・おこられました。

②おかあさんは、

・やさしいです。

・会社いきました。

・目蒲線をかきました。

・産業と経済。

・おかいものをしました。

・大森十中に行きました。

・雨がふっている。

③おかあさんと、

・いいところつれてってくれます。

・ラーメン食べました。

・会社に行っています。

・しんだ。

・おこりんぼうです。

・ひとりでごはんたべます。

・かえりました。

④おかあさんに、

・たま川に行きました。

・にくをかいました。

・おこられました。

・ころした。

・かわいそう。

・やきそばをたべました。

・北部山ぞいでは一時雨でしょう。

⑤これは、だれのですか。

・ボールペン。

・あべたかゆきです。

・江口先生のボールペン。

・ママもってる。

・連絡帳があります。

⑥きのうおかあさんと、どこへ行きましたか。

・じてんしゃ。

・ママとしんちゃんに行きました。

・うの木に行きました。

・ママとふんどしおすもう。

・かまたに行きました。

⑦きのう何をしましたか。

・江口先生とねました。

・さしみをたべました。

・わからんちん。

・こうえんであそびました。

・婦人百科。

⑧金魚が３びきいて１ぴきしんだ。だから、

・ＮＨＫ学園キムコ。

・１ぴきしにました。

・だからです。

・永代先生おやすみ。

・２ひきになりました。

⑨どじょうがしんだから、

・さびしいです。

・おそうしきです。

・土にうめました。

・ぼくは井上直樹です。

・ぼくはしにました。

⑩夏になったら、

・プールをはいりました。

・いきました。

・およぎます。

・プールにはいります。

⑪秋になったら、

・さくらんぼをたべます。

・きつねそばをたべます。

・プールにはいります。

・ぶどうをたべます。

⑫冬になったら、

・ラーメンをたべます。

・雪合戦をなげました。

・きらい。

・ストーブをやります。

⑬春になったら、

・おはな。

・なのはなさいている。

・西本がホームランを打ちました。

・９番は西本。

⑭雨がふったら、

・ながぐつはいて、カッパきるの。

・お母さんがおこります。

・雨がふります。

・かささしてあるきます。

⑮雨が、

・ふっている。

・ふっています。

・ふっていない。

・ふらない。

・ふります。

・ふりました。

・ふってきた。

・やんできた。

・どしゃぶりです。

・ふったりやんだりしています。

・ななめにふってきます。

・ふりそうです。

・ザーザーふっています。

・ポツポツふっています。

・ちらちらとふっています。

〈例７　美意識・やさしさ〉

親と子ども、また教師と子どもが、いっしょに美しいものをみて美しいと共感し合う心のときをもつことは、たいへん大事なことです。この積みかさねが人格形成であり、人間の教育そのものであるといってもいいと思います。

大人と子どもが「美しいね。きれいだね。かわいいね」と美的感動を共有し合うことによって、子どもたちの美意識や、やさしさが芽生え、そして豊かに育っていきます。そのときのことばは、詩といってよいものです。つぎの詩はそういう人間的な美意識ややさしさを表しています。

さんざしの花　　　　まつだ　みすず

きが、ながいね。

きが、かぜでゆれている。

あかいはな、きれい。

そらが、みずいろ。

かぜが、すずしい。

さんざしのはな、きれいね。

さんざしのはなを、もらいました。

もってかえりました。

こっぷにいれた。

ままが、

にこっとしてみてた。

ゆ　き

まつだ　みすず

ゆきふったね。

ままとてお《(を)》つないできたよ。

あしがつめたいよ。

てがつめたいよ。

ゆきだるま、つくりたいな。

うさぎがだいじょうぶ。

せんせい

みにいってよ。

わたしもみにいくよ。

かわいいなあ

とよだ　ゆか

なおきくん、

ともみちくん、

ゆうじくん、

かわいいなあ。

だっこしたいなあ。

いっしょに、あそびたいなあ。

ばら　　　　　　　　　　　　　　　とよだ　ゆか

ばらが
さいていました。
ふわっとさいていました。
えぐちせんせいが
「はやくおいでよ」
といいました。
わたしは
ずうっとみていました。

こういう詩を書かせることは、豊かな心をはぐくむうえできわめて大切なことではないかと思います。子どもたちが語りかけてきたことばを深く受けとめ、そのときの気持ちをこうした詩にたくさん書かせたいものです。

〈例８　批判力〉

人間にとって、批判力はたいへん大事なものです。正邪善悪・美醜を判断する力は、人間の行動を決定します。まちがいは、まちがいとし、いけないことは、いけないことと感じ考える力は日常のなかで指導していかねばなりませんが、つぎのような授業もまた認識諸能力を伸ばし、道徳的思考力を高めていくうえで大事なことではないでしょうか。つぎの作文は、私の授業のひとこまを岩塚さんが書いたものです。わたしは、ときどき、こんな授業をしてきました。子どもたちは、たいへん楽しんでくれました。

さんせいとはんたい　　　　　　　　岩塚葉採

　さんせいとはんたいのべんきょうをしました。
　江口先生が、
「今から大森えきまでマラソンしましょう。みんなさんせいですか、
はんたいですか。」
といいました。わたしは大きな声でこたえた。
「はんたい。」

まことくんに先生が、
「さんせいか、はんたいか。」
といったら、まことくんは、
「さんせい。」
といいました。わたしは、
「こまったなあ。」
といいました。こんどは、
「きゅうしょくは、うんどうじょうのすなをたべましょう。さんせいの人。」
と先生がいいました。まことくんが、手をあげました。わたしは、どなり声で、
「はんたい。」
といいました。わたしは、まことくんに、
「はんたいしなきゃだめよ。」
といいました。こんどは、
「まい日はだかで学校に来ましょう。」
といいました。なつみが、
「さんせい。」
といいました。わたしは、
「はんたい。」
といいました。わたしは、あわてて、
「はんたいしなさい。」
といいました。こまったなあと思いました。
　こんどは、わたしがいいました。
「日よう日なしの学校にしましょう。」
　そしたら江口先生が、
「はんたい。」
といいました。わたしが、
「どうしてですか。」

とききました。先生が、
「くたびれて、びょうきになって死んじゃうからはんたい。」
といいました。わたしは、先生がくたびれるんだったら一日二日やすめばいいなあと思いました。たつおくんもはんたいしました。のり子さんもはっきりと、
「はんたい。」
といいました。まことくんも、
「こないの。」
といいました。まことくんは、えらいと思いました。こんどは先生が、
「今から、てっぽうもってせんそうしましょう。」
といいました。わたしは大声で、
「はんたい。」
といいました。みんなが、
「はんたい。」
といいました。先生が、
「どうしてですか。」
とききました。わたしは、
「せんそうは、やっちゃいけないにきまってるじゃないか。そんな、人をころすんじゃない。人をころしちゃいけないの。わかった。先生はだめだね。人をころしたらだめっていうことがわからないの。ほんとに。」
といいました。
　江口先生はおもしろい。わたしは先生じゃなくて、まんざいしになればいいと思った。
江口先生がテレビにでたら日本中の人がわらいます。わたしもテレビにでます。先生といっしょに出たいなあ。江口先生は五十五さいまでいきられますか。がんにならないでください。びょうきにならないように気をつけてください。わたしが、
「先生といっしょにテレビに出るまで元気にしてください。」

といいました。みんな、

「さんせい。」

といいました。わたしはうれしい。

第3部　教育課程を親たちとともに

ここに、最近3年間の5人のお母さんのことばを転載させてもらいました。出典はつぎのようなものです。

⑴　きめこまかな教育を受ける中で（岩塚道枝）

――「先生とゆびきり」（ぶどう社）のあとがき――

⑵　ありがたい心身障害学級（土肥幸子）

――「心身に障害のある子どものすこやかな成長を願って」から――

⑶　卒業にあたって（伊藤貴三乃）

――「文集・はとの子」（1986年版）から――

⑷　小学校六年間をふりかえって（安部サツ）

――「文集・はとの子」（1986年版）から――

⑸　池上小学校での六年間を振り返って（松浦百子）

――「文集・はとの子」（1986年版）から――

ここには5人のお母さん方の文を載せましたが、もちろん、この5人のお母さん方以外に、たくさんのお父さんやお母さん方のこのような文が残っています。それらをすべてここに転載できないことを父母の方々にお許しいただきたいと思います。

心身に、順調に発達していくことのできない障害をもっている子どもたちには、何よりもまず、1人ひとりのその子どもにみあったカリキュラムを考えて指導していくことが大切だと思われます。それができるのは、障害児学級であり、また養護学校であり、さらに弱視や難聴などの障害別に作られた学校・学級です。しかし、1人ひとりの障害の状態やそこからくる性格はじつに多様で、「その子どもにみあったカリキュラム」とはいっても、たいへんむずかしく、また、教材や指導の方法も体系化することはじつにむずかしいものです。

そこで、私たちはその理想を求めて実践していくほかに道はないのですが、このような歩みのなかで、お母さんもお父さんも、子どもの伸びていく姿を見て、安心し、また喜び、あるときは順調な成長とは思えないが、どうしたらいいのかと、私たち教師は保護者会のときなど綿密に話し合いました。

① 岩塚さんの場合

双生児の２人の子どもは、１年生のときは普通学級で学習していました。２人はよくしゃべるけれども、行動面で普通学級のペースにはついていけないというハンディーがありました。そこで担任の横溝先生はこの２人の子どもを障害児学級に入級させるようにと両親に話され、両親は障害児学級を何回か見学し、その子にみあったカリキュラムによる教育を見て、喜んで入級させられました。とくに葉採さんは、障害児学級での学習が楽しくなって「日曜日でも学校に来て勉強したい」というようになり、自主的に学習する楽しさを深く味わい、生活力を体いっぱいに身につけて卒業していきました。

あんざん　　　　　　　いわつか　はつみ

ああ、だめだなあ。
先生みたいに、あんざんが早くできない。
どうしたらいいの。
うちの、ぱぱったら、
「さんすうやらして、
　えらくなると思っているんだ。
　先生はほんとうに。」
といいました。
うちの、ぱぱは、
「さんすうなんて、やったって、
　べつにえらくなるわけじゃないんだよ。」
といいました。
どうして、ぱぱは、
べんきょうしなくてもいいと
いうのですか。

どうして、ぱぱは、
べんきょうだけが、じんせいじゃないと
いうのですか。
べんきょうをしなくていい
という父おやはいるの、ほんとに、
と、わたしは言いたくなる。

とてもえらい先生　　いわつか　はつみ

ああ
江口先生はえらいなあ。
どうして先生は、えらいんだろう。
いつもいっしょうけんめいべんきょうしているからえらいんだな。
わたしは、えらくなりたい。
江口すえよし先生は、
かんじも書けるし
あんざんもできるし
ピアノもひけるし
てつぼうもできるし
のぼりぼうものぼれるし
でんきのこともしっているし
えもうまいし
たいくもうまいし
しも作文もおかしなことをかかないでうまくかけるし
本も早くよめるし
県の名まえもしっているし
市のなまえもしっているし
さんすうのとき、あっているかちがうかわかるし
れんらくちょうにもじがかけるし
とよとみひでよしのこともしっているし

みなもとよりとものこともしっているし
先生は、とてもえらいです。
おとうさんよりえらいです。
わたしは、江口先生には、かないません。
わたしは、中学校にいったら
江口すえよし先生よりえらくなると思います。

わたしの作文　　　いわつか　はつみ

わたしは、作文ノートをきょうとう先生のところにもらいに行きました。れいをして、
「きょうとう先生ね、わたしの作文をよみましたか。」
とききました。そして、
「日よう日なしの学校にしていいですか。」
といいました。すると、きょうとう先生が、
「日よう日が休みじゃなかったら、先生たちがつかれるよ。」
といいました。わたしは、
「江口先生がつかれたら、ほし先生にべんきょうおそわればいいよ。」
といいました。すると、きょうとう先生が、
「こうちょうしつにおいで。」
といいました。

きょうとう先生とわたしと二人でこうちょうしつにはいりました。そして、こうちょう先生のそばへ行きました。こうちょう先生に、
「わたしの作文をよみましたか。」
といいました。そしたら、こうちょう先生が
わらいながら、
「はつみさんは、りっぱな作文をかいたね。」
といいました。こうちょう先生が、
「日よう日なしの学校か。」
とためいきをついていいました。わたしは、

「ちょうれいで、日よう日の休みなしの学校にしますといっていいですか。」
とききました。こうちょう先生は、
「ちょっとこまるなあ。休みなしの学校にしたら、みんなが、えええええというよ。どうする。」
といいました。わたしは、
「しずかにしてください。というよ。」
といいました。すると、
「日よう日なしの学校にはできないよ。」
といいました。わたしは、
「だれが、そんなことときめたの」
とききました。そしたら、
「それは、むかしの人がきめたんだよ。」
といいました。わたしは、
「ねえ先生、わたしは休みなしの学校にしますというからね。」
といいました。こうちょう先生が、
「それは、だめだよ。」
といいました。
「どうしてだめなの。」
「そんなこと、だめにきまっているんだよ。」
といいました。わたしが、
「そんなこと、かってにきめないでください。」
といいました。そしたら、きょうとう先生もこうちょう先生も、
「はあ。」
とためいきをついて、目をぱちくりしました。めがねのふちをつまんでぎゅっと上げました。
「はあちゃん。もう教室にかえりなさい。」
といいました。わたしは、
「はい。」

といって、さようならをしました。

教室にかえるとき、とびはねていました。わたしは、こうちょう先生とお話したからとてもうれしかった。わたしは江口先生に、

「池上小の子どもが休みなしの学校になればいいなあと思ってくれたらいいのに。」

といいました。

そしたら江口先生がつかれたかおをしました。もし江口先生がびょうきになったらどうしようと思った。

だから休みのある学校がいいのかなあと思いました。

人間は、がまんづよくなきゃいけないから、日よう日学校へ来たいけどがまんをしようと思います。

② 土肥君の場合

土肥君は5年生まで普通学級にいて、学習のおくれが目立つために担任の渡辺先生に入級を強くすすめられ、となりの小学校から入級してきました。5年生の終わりに、ひらがなの拗音や拗長音で書く単語（きんぎょ・しょうがっこう）も正確に書けず、算数は「7＋8」などが具体物を使ってやっと計算ができる状態でした。私は1年間の担任で、どの程度の学力を身につけることができるか不安でしたが、カリキュラムに従った個別指導を重視して指導しました。しかし、1年間で「869× 745」「9487÷8」「$\frac{1}{3}+\frac{1}{2}$」「たて25m、よこ38mの長方形の面積は」「半径2mの円の面積は」という問題ができる程度で卒業していきました。1年生から障害児学級に入級していたら、もっともっと学力と社会性を身につけることができたのにと残念に思わないではいられませんでした。

40人以上の普通学級に、学力的についていけない子どもがいる場合、担任としてはやはり、その子への強い愛情で「障害児学級に」と早くご両親にすすめることが大切だと思われます。学力とともに、自信をもって生きていく力、つまり社会性を伸ばすために、その子に、わかる授業、自主的な喜びのある生活をさせて自立への道を歩かせたいと思います。このこと

は、私が、入級してくる子どもに痛切に感じてきたことであって、つぎの伊藤暁子さんの場合、２年生のとき入級してきたので、土肥君とはちがって、十分成長させることができて教師としては満足することができました。また、親にとっても大きな喜びとなりました。

③　伊藤さんの場合

伊藤暁子さんは、お母さんの文章のなかにあるように、１年生は普通学級で学習し、担任の谷口先生に「障害児学級にはいれば、ぐんぐん伸びますよ。１日もはやく」とすすめられて、となりの学校から入級してきました。

やはり、谷口先生が話されたように、暁子さんは、じつにすこやかに伸びていきました。それは、教師も、ご両親も驚かないではいられないほどでした。まがりなりにもピアノをひいて、器楽合奏の伴奏をし、文学全集(中学年向き)も読みつづけ、家庭では家事もやって、自立へ向かって成長しつづけています。

以上の３人は、普通学級で担任の先生が真剣に「障害児学級へ」とすすめられたケースですが、３人にかぎらず、このようなケースで担任の先生に感謝しておられる家庭はじつにたくさんあります。

しかし、ここでも私はやはり、細かなステップのカリキュラムの実践の大切さを考えないではいられません。このことなしに、障害児学級での教育は考えられないといってもよいからです。伊藤さんのお母さんの喜びも、他のお母さんたちのわが子の成長についての喜びも、このカリキュラムなしには生まれないことでした。

④　安部君の場合

安部君はお母さんの文にもあるように、１年生から障害児学級に入級してきた子どもでした。しかめ面をしていることが多く、食べ物ではないものを口に入れ、多動で、行動に規則性がなく、小さな物音にも敏感で恐怖心が強く、ほとんど教室にいることのない状態でしたが、学年がすすむに従ってしだいに落ちついてきて、文字もおぼえ、算数のプリントの計算問題などにもとりくむようになりました。でも、国語でも算数でもプリントを１枚与えて、それをやってしまってから、もう１枚渡すと、それは拒否し怒って「もう、おしまい」と叫び、大声で泣いたりしました。プリントを３枚くらいかさねて上からやらせると、３枚みんなやり終えました。

安部君にとって、文字で文を綴ることは、途中にコマーシャルを入れながら書きすすめていっても、机について自分を見つめ、家族を思い、自然や友だちのことをイメージして表現する集中的な思考の時間でした。

⑤　松浦君の場合

松浦君も１年生から障害児学級に入級してきた１人です。お母さんの文にあるように「ずいぶん多動」でしたが、好きなことを自由にやらせる受容と、カリキュラムに従って学習させる課題をうまく組み合わせて指導していくことがとくに必要なタイプでした。その課題も、国語でいえば「朗読する力」「接続詞を使って文を書くこと」、算数では「文章題」、図工では「好きな絵ではなく対象をリアルに写すこと」、音楽では「リズム感」、体育は「器具を使う運動」、理科は「動植物の変化をとらえること」、社会科では「グラフの読み」などが不得意で、個人的に指導することが必要であり、それらは、あきることなく繰り返して指導することが必要でした。算数の文章題は式と答をおぼえてしまうので、同じパターンの問題を数多くやらせ、その量が質的な変化をとげていくような方法をとることが必要でした。教えられたことをよくおぼえて、再現する文章題の式と答えを書く段階から、自分で問題を読んで、それぞれの問題に応じた解答をする質的成長をとげさせていくことが大切な指導の内容でした。

こうして、１人ひとりに即し、しかも系統的に指導していくなかで、子どもたちはある期間に確実にある教科のある項目を学習して成長しつづけました。

その子どもの姿を見て書かれたのがこれらの父母の文章です。もっと、

もっと、池上小学校の教育実践について批判的に書いてほしいと思いながらも「父母にとっては感謝の心でいっぱいです」ということで、このような文章になりました。

１日１日、１週間１週間の時間割の問題はたいへん重要だと思います。私は１週間の教科の時間数をだいたい低・中・高学年（小学校）と、つぎのように設定してきました。

低学年（26時間）

国語（10）　算数（８）　体育（４）　音楽（２）　図工（１）　生活〈道徳〉（１）

中学年（27時間）

国語（９）　算数（７）　体育（４）　音楽（２）　図工（２）　理科（１）　社会科（１）　生活〈道徳〉（１）

高学年（28時間）

国語（７）　算数（５）　体育（４）　音楽（２）　図工（２）　理科（２）　社会科（２）　家庭科（２）　特別活動（クラブや委員会など）（１）　生活〈道徳〉（１）

このような時間割に従って授業をすすめるのですが、とくに低学年などは教科の表示とぴったりしないものも、子どもたちの意欲性にもとづいてとり入れてきました。近くの本門寺公園に遊びにいって、ブランコにのったり砂遊びをしたりするのですが、これは「体育」にします。何をして遊びたいかをきいて「ぶらんこ・とらんぽりん・すべりだい・わなげ」などと板書し、濁音・半濁音の単語をはっきり発音させるようなときは「国語」とし、そのあと、トランポリンをして数を唱え、ぶらんこをして数を唱えてきかせるのは「算数」とします。朝、名まえを呼んで「はい」と手をあげさせるようにするのも「国語」であり、「はれ・くもり・雨」を言わせるのは低学年は「国語」、中学年は「理科」とするなど、カリキュラムの内容にあわせて、授業の内容を考えてきました。そして、このような授業の全体が、このカリキュラムの全体であるようにしてきました。

子どもたちはすべて「教育を受ける権利を有する」（憲法第26条）ということは、内容上の、やさしさ・むずかしさはあるにしても、普通学級で、よい教育を受けているような内容と同一線上にある教科的内容を指導していくことによって実現されるのではないでしょうか。その細かなステップによって、１日１日、１週間１週間、それぞれ、どんなことを指導し、子どもはそれを身につけたかどうかを見ていくことが発達保障ということでありましょう。

身につけるには困難なことも多いけれども、教師と父母と力をあわせて、指導法を工夫し、この各項目を楽しく子どものものにして、すべての子どもが民主的社会の主権者として育ってほしいと思うのです。

学級文集その他に書かれたものをここに転載させていただくことを、こころよくご承知くださった５人のお母さん方に厚くお礼を申し上げます。

(1)　きめこまかな教育を受ける中で　―― 岩塚道枝

葉採（はつみ）と菜採（なつみ）が生まれた当時を思い返しますと、よくまあ、ここまで育ってくれたと思わずにはいられません。池上小学校の障害児学級できめこまかな教育を受ける中で、少しずつではありましたが、感じる心、考える力、表す方法などを身につけていった賜物だと思います。低学年のとき担任してくださった野崎先生の心血をそそいだご指導に、ただ感謝のほかはありません。

私は、長男を生んだ二年後に、念願の女の子を一度に二人も生みました。難産の末の女の子とあって、それはもう嬉しくて、お揃いの洋服を着た二人の姿を想像して、喜んだものです。

退院後は、育児戦争が始まりました。同じ子に二回続けてミルクをやり、もう一人を泣かせるという失敗もあり、授乳時間や排便回数をノートにつけておかないと大混乱が起こりました。

てんやわんやで三カ月目を迎えた時、娘たち二人ともが、進行性の「先天性白内障」と診断されました。私ども夫婦は、地獄の底につき落とされた思いで何日かを過ごしました。日を追ってどういう病気かがわかり、なぜ私の娘だけが、しかも二人ともがこんな不幸を背おわなければならないのかと、世の中すべてを恨みました。

娘たちは、手術を受ける十カ月までは光覚だけで、物を見る視力はありませんでした。当然、両親の顔もわからなかった訳です。手術後は、少しずつ視力が出てきましたが、でも色や形がわかるようになるには時間がかかりました。視力を出すために一歳半頃からコンタクトレンズを使用しましたが、取りはずしの苦労は親子ともども泣く思いで、三歳半頃からは眼鏡にきりかえました。

やがて、眼が弱視であるという悩みや不安だけでなく、もっともっと深刻な悩みが私ども夫婦におおいかぶさってきました。それは、首の坐りがおそかったことと、いつまでたっても歩けなかったことです。病院をあちこち回り、何回も検査をくり返しましたが、筋肉が弱いというだけで異常は現われませんでした。やっと二人が人並みに歩けるようになったのは、三歳のお誕生頃です。

親としては、あらゆる手立てを尽してやらなければと、東京都心身障害者福祉センター幼児科の親子指導、盲幼児訓練室の三歳児保育、大田区矢口区民センターの沐浴訓練、大田区教育センター相談室の指導などを受けてきました。でも、おしゃべりは何とか通じるのに、おうむ返しが多すぎ、知恵のおくれがあるのではないかと、日々不安はつのるばかりでした。

何とか一日も早く集団の中に入れてやりたいと、保育園、幼稚園をさがして歩きました。やっと、親がついてくるならという条件で、はこぶね幼児園に入園させてもらいました。普通児の中にまじってお遊戯をし、歌を歌い、絵を描き、お弁当を食べて、喜んで二年間を過ごしました。

小学校への入学は、また大きな悩みとなってのしかかってきました。幼稚園で普通児と一緒に過ごした二人にとって、どういう学校が、学級がいいか、娘たちに合った所はどこだろうと考えました。弱視学級のある東調布第三小学校へは越境入学できず、結局、池上小学校の普通学級へ入学し、弱視学級へ通級するという方法で一年間を過ごしました。

学校はある意味できびしい所です。まず、何でも自分のことは自分でしなければなりません。七教科の勉強もあります。給食当番もあります。親としては、何とか人並みに育ってほしいと必死でした。でも、理解のおそさ、行動のおそさ、すべてにおいて普通児との隔たりが日を追って大きくなっていきました。二学期の終わりには、ゆきとどいたよい教育をしてもらうように二年生から障害児学級へ変わるべきだと、夫婦で結論を出しました。

二人が通った障害児学級で、各教科をくり返し学習していくなかで、遅遅とした歩みではありますが、着実に成長していきました。一人ひとりの子どもに合った教育を受けたおかげでしょう。野崎照子先生、江口季好先生の熱心なご指導によって、二人はすばらしい成長をしました。

そして今、障害のある子どもは障害児学級のなかで教育されてこそ、かしこくたくましく育ち、生きる力を獲得していくと思っています。障害のある子どもたちは、同じ病名でも一人ひとりが違います。現在、障害のある子どもも普通学級へと叫ばれていますが、その子どもに合った、よい教育を受けられる場はどこなのか、親としてとことん考えてあげたいものです。

葉採と菜採には、これからは、自分のおかれている現実をみきわめ、きびしく自分をみつめる力、自信をもって社会に一人立ちできる力を育ててゆきたいと思っております。

(2)　ありがたい心身障害学級　——土肥幸子

私のうちには二人の男の子がいます。長男が一年生に入学するとき、言葉が少しおくれていると思って区の教育相談室をたずねて、いろいろと検査してもらいました。小学校の心身障害学級も見学しました。その結果は「低学年のうちは普通学級でいいのではないでしょうか。」と言われて地域の普通学級に入学させました。地域の友だちとはよく遊ぶし、学校のテストはよい成績はとりませんでしたが、まあ、元気に通学し、四・五年は肥満対策から館山の養護学校にお世話になりました。

弟は言葉が兄よりおくれてはいたのですが、まずは地域の普通学級に入学させました。しかし、わからないことの多い授業の中で、落ち着きがなくなり教室から出歩くなど勉強についていけないようすがでてきました。区の相談室をたずね、心身障害学級なども見学するなかで、二年生からは心身障害学級に入級させる決心をしました。

弟の方は兄よりずっと成長がおくれていました。しかし、一つの組の人数は少なくて、ていねいに指導してもらい、ぐんぐん伸びていきました。三年生になると国語や算数の宿題をもって帰って勉強するようになりました。分からないところもあるので、兄の方に面倒を見させるようにしましたが、この時、私はびっくりしました。見ていると、兄の方より弟の方がはるかに力があって、兄は教えることができない有様でした。簡単な引き算なども、弟はどうにかできるのに、兄の方は五年生だというのに殆んどできません。反対に弟に教えられている状態でした。私は驚いて、すぐに区の相談室をたずねました。そうしたら「五年生の三学期から心身障害学級に週に二日ずつ通って様子を見てみてはどうでしょう。」と言ってくださって、さっそくとなりの学校の心身障害学級に通わせることにしました。

そうしたら、今までになく表情が明るくなり、家でも自分から勉強するようになり、算数など、すぐに弟を追いこして、むずかしい計算問題も文章題もできるようになりました。この様子を見て、私は迷わずに兄も六年生になる時心身障害学級に入級させました。兄は一学期中に一年生の算数や国語の本をマスターし、二学期には二年生と三年生の教科書をマスターし、全く言えなかった九九も覚えてしまい、三学期には、かけ算やわり算や分数などもよくできるようになりました。ひらがなも全部覚えていない状態だったのがすばらしい作文も書けるようになり、兄の成長ぶりには驚くばかりでした。そして弟の勉強の面倒も見てくれるようになりました。

普通学級にいた頃、担任の先生が時たま残して、勉強を教えて下さっていましたが平常の授業は、全く分からないままじっと席についていたようです。私はもっとよく兄の方を見ていればよかったのですが、私の体も弱く、主人は帰りが遅くて、よく見ていられませんでした。

弟が心身障害学級にはいって、いっしょに勉強させる時になって気づき、いま、私はもっと早く気づいて、一年でも二年でも早く心身障害学級に入れておけばよかったという思いで一杯です。兄はボーダーラインの子どもで、心身障害学級でも普通学級でもいいということでしたが、今になって思うと、一年生から迷わず心身障害学級に入れておけばよかったと後悔しています。中学校は迷わず心身障害学級に入れたいと思い入級させました。

心身障害学級は、兄の方にとっても、弟にとっても、生活面でも勉強のことでも、こまかに気を配って指導して下さいますので、たいへん、ありがたいところです。

兄の方は、いま中学校で、勉強の方も体育などもとてもがんばっています。生活のいろんな面で自信をもってきています。友だちともたいへんよくつき合うことができるようになってきています。その様子を見ていると、何よりもこの世の中で生活していく力というのでしょうか、社会性というのでしょうか、こういう面での成長が私にとっては一番嬉しいことです。この成長のもとになったのは、六年生の一年間でしたが、少ない人数の教室で二年や三年生の教科書をしっかり指導していただいて、百点をもらって喜ぶような毎日をすごしたことにあるのではないかと思います。

(3)　卒業にあたって —— 伊藤貴三乃

前日から降り積った朝の雪道をふみしめながら、私は軽やかな足どりで池上小学校へ向っていました。暁子の晴れの卒業式に出席するために。すでに会場の体育館へこもごも親たちが集まりはじめていました。「わたし、しょうしょうじょうもらうの。“い”のいちばんよ。」と何日か前に暁子からきいていました。私は暁子の出番を待ちながら意外と落ちついていました。“い”のいちばんに登壇した暁子は、校長先生が卒業証書を読む間、しっかりと立って、読み終わると両手を差しのべ証書を受けとりました。感無量。六年間の重みのある卒業証書でした。私は心の中で“六年間ほんとうにご苦労様。中学へいっても一層がんばろうね”とつぶやいていました。

思えば、十二年前、暁子が生まれたその時からダウン症と知り、奈落の底につき落された思いで暗たんとした涙・涙の日々でした。共働きをしていたこともありましたが、暁子の発達にとっても集団保育の場が必要との専門家の医師の助言もあり、私たちは、保育園へ入れるための門を叩きました。「保育に欠ける」ということでいったんは措置内定されたものの、障害の状況から、現状では保育できないという理由で入園を拒否されました。私たちは納得できず、行政不服審査請求を都知事に対して行ないました。その間、暁子は通園しながら二年間を費やしましたが、多くの方々のご支援とご協力により、やっとのことで保育の場が保障され、零才から就学までの六年間を健常児集団の中で保育されてきました。ふり返ってみれば、この六年間こそ今日の暁子の成長の礎になっているように思います。

暁子の小学校への入学は、地域の徳持小学校の普通学級からスタートしました。様子を見ていた一年間でしたが、学習面では、全くのお客様的存在でした。そして、二年生から迷わずに池上小学校の障害学級にお世話になって早五年。そして、もう卒業。まるで夢のようです。

入級当初は、自分の名前がひらがなでやっとかける程度でした。池上小学校での生活を今、あれこれ思い起こし懐しくふり返っています。音楽会での思ってもみなかった暁子のピアノ伴奏の姿を見ながら感激に胸がつまりました。展覧会でみたかわいいポシェットが上手にできるようになるまでには、ストロー通しからはじまって、ひも通し、糸通し、縫針を使っての台ふき縫い等々、多くの経験を積んできたからこそだと思っています。家庭科実習のカレーづくりは、毎週毎週、数多くくり返していただいたおかげで、今ではちょっと手を貸す程度で家族が舌つづみを打てるまでになりました。本門寺の階段のぼりは、足腰を鍛え、体力や忍耐力をつけてくれました。本門寺への校外授業で、四季折りおりに移り変わる木々や草花を見てきたことは、子どもたちに自然に親しむ心を培ってくれたことでしょう。運動会でのかけっこやダンスは、五組の子どもたちも学校全体の中で共に参加し、大勢の方たちの声援・激励を受けました。それは、私たちをどんなに勇気づけてくれたことでしょう。よい演劇を観たり、すばらしいオーケストラ鑑賞や子どもたち自身の音楽会等の経験を通してよい文化が子どもたちに与えられてきたことは、成長のために欠かせない滋養だと思います。何といっても楽しかったのは、二泊三日の移動教室、伊豆高原行きだと思います。暁子は残念ながら三回の中一回は発熱して参加できませんでした。この時はとても残念そうであり、とても淋しそうでした。また、思いもよらなかった読みかきや、上手な詩や日記が、先生の巧みなご指導で書けるようになりました。毎日根気よく書かせて下さった日記は、自己の生活を見つめさせ、事の善悪を知り、人の生命の尊さと、それを大切にする心を育て、ものを書くことの習慣を身につけさせてくれました。先生方が大変なご苦労をなさって、毎日毎日出して下さった「はとの子」をとても楽しみにしておりました。ときに、おかしさがこみあげ、ときに感心させられたり、我が子のみならず、五組の子どもたちそれぞれの生活や成長ぶりを伺うことができ、その成長を共に喜ぶことができたことを嬉しく思いました。親もそれらに刺激され子どもにも大きな成長を促したことでしょう。そして、これらの詩や日記・作文は、その成長をたどることができる貴重な記録になっています。卒業間際に暁子のかいた本の感想文は、親の私たちも思い及ばないような文章で驚かされました。又暁子のかいた「わるいことば」の詩には、いつ、どこで、こんなにたくさんの“わるいことば”を覚えたのかと仰天させられもしました。こうした暁子の見ちがえるような成長ぶりは、五年間の五組の先生方のきめこまかなご指導の賜物だと感謝しております。

一方、放課後一年生から四年生までの四年間を学童クラブの異年令集団の中で過した暁子は、いろいろな遊びを覚え、大勢のお友だちができ、よいことも悪いことばも覚えてきました。四年生頃には、下校後ひとりで鍵の管理をしながら留守番ができるようになっておりました。土曜日や長い夏休みなど、お弁当をひとりで食べる淋しさを味あわせ、かわいそうに思った反面、そのことが暁子の自立自活を促した面もあったのではないかとも思っております。二年下のめぐちゃんと気があうのかとても仲良しで、よくめぐちゃんの家へ病気の時までもお邪魔してご迷惑をおかけしたことに、心苦しく思うばかりでした。でも放課後、五組のお友だちとも一緒に遊べることは、とてもすばらしいことだと思いました。ある日、我が家で、めぐちゃんと暁子が二人きりの時、暁子がめぐちゃんのあの長い髪の毛をハサミでバッサリ切り落としてしまったときは度胆を抜かれました。

遡れば、暁子が下級生をいじめたこともあったようですが、逆に、ごく最近でも近所で暁子が高学年の男の子に砂をぶつけられ、泣いて帰ったことを暁子の弟からきいたときは、胸がしめつけられてしまいました。今までも親の目の届かないところで、きっと、もっともっといろいろなことがあったでしょう。それらに耐え、たち向かっていけるだけの力がつくことを願うばかりです。

それでも池上小学校全体の中で、校長先生をはじめ諸先生方や職員のみなさん方、普通学級の親御さんたちや子どもたち、そして身近に親子共々何かとお世話になった五組のお母さん方に見守られ、暖かく包まれ、励まされながら暁子は暁子なりにしっかりと大きく成長してくれました。年を重ねると共に、卒業後のこと、就職問題、親の死後の問題等と事態は深刻になってくることも否めません。その時のために、今の一日一日を大切に過ごさせていきたいと考えます。動作は緩慢なるも何ごとにも意欲的な暁子です。

この冬、二本の編棒を使って自分で編んだ毛糸のマフラーを父親にプレゼントし、父親を喜ばせました。それにつづき暁子は、「江口先生にも編んであげるの。」と下校後、せっせと江口先生のマフラーも編み続け、殆んど完成させました。

小学校とはガラッと環境の変わったこれからの中学校生活の中で、暁子の大きな羽ばたきを期待していきたいと思います。

先生方、そしてお世話になったみなさん、本当にありがとうございました。

(4)小学校六年間をふりかえって　―― 安部サツ

初めて小学校へ入学したときから、卒業するまで大変なことだけ思いだします。

保育園時代よりも建物が大きく、びっくりして、かってにどこでも学校の中を走りまわり、先生もかたときも目をはなせない状態でした。毎日泣くことが多く、その事の繰り返しで一日が終わりました。

いよいよ机について鉛筆をもってすわる日がやってきました。それまでは手にしたこともない鉛筆をもっていたずらをするようになりました。一分もすわっていない子供が、手に鉛筆をもつなんて、親はとても不安でした。子供と親は、考えられないことばかり毎日始まりました。一人でフラフラ歩いて少しもじっとしていませんでした。逃げたり走ったりの毎日で、一日終わりました。

夏のプールがやってきました。本当は好きなプールなのですが、親からはなれてのプールははじめてなので、なかなか入れないで一日終わりになり、こんなことを何日もくりかえして、夏もおわってしまいました。そんなことやっているうちに二年間はあっというまに終わってしまいました。対馬先生も病気になってしまいました。

三年生になった頃は少しは鉛筆をもって自分の名前やあいうえおや数字を書くことが出来るようになりました。それでもフラフラするのは、相変わらず、同じことのくりかえしでした。遠足や運動会やいろんなことは、もちろん大へんでした。何かあるごとに、家に帰ってから親子で何度も泣いたことがありました。

それでも貴之の書いた字がどうにか読めるようになりました。手に力がだんだん入ってうまく書けるようになって、とってもうれしく思っていましたが、なかなか他の子ども達のようにはいかないので、先生も大へんだったと思いました。

四年生の頃も毎日毎日同じようなことの繰り返しで終わりました。目もはなせない状態でした。

いよいよ五年生になって、又心配な事が出てきました。それは移動教室のことです。今まで親とは一度も離れたことのない子供が、はなれる日が目に見えてきました。それまでは何も一人でやったこともない子で、一人で寝たこともありませんでした。そんな話をしているうちに「一人でねる。」といって一人でねるようになりました。親はそれだけでも安心しました。

伊豆高原といっても、貴之にとってはなにがなんだかわからないので、親も貴之も心配しながらたいへんな日を送りました。いよいよその日がきました。食べる物もあまり食べない子供だったのでこの事が一番心配でした。先生は親よりももっと心配だったようです。伊豆高原から帰って、先生のお話では、お風呂からにげて大変だったときかされて又びっくりしました。

「はとの子」というプリントは、他の子供達のよく書けたのをもってくるのですが、貴之は、書くのが好きでないので、他の子供のをもってくると、よく書けていていいなと思いました。貴之の書いたのは、かならずコマーシャルを入れて書いてきます。コマーシャルが好きな子供で、それとテレビの見すぎで、いつになったらコマーシャルを入れないで書くことが出来るようになるかと思い、毎日そんな事を思いながら六年になってしまいました。

六年生になると、それなりにまた心配なことがでてきました。やはり、六年生になると体だけが大きくなり、力も先生方よりも出るようになって、手におえない時も何度かあって、親ながら大変だったと思いました。そんな事をしているうちに、いよいよ卒業ということばを耳にするようになって、又毎日心配でした。先生方はもっと心配だったと思います。

「はとの子」の作文も卒業が近づくにつれてやっとコマーシャルも入れずに書くようになりました。自分の思ったこともきちんと書けるようになったのでとてもうれしくなりました。

泣くことの多かった子供でしたが、いよいよ卒業式の練習になり、毎日いろんなことの練習がつづき、最後の卒業式の日になりました。

どうなるかと思い、心配で、貴之の名前が呼ばれた時は見る事も出来ず、それでも思いきって目をあけて見ると、校長先生の前に立っていて、びっくりしました。日頃の練習が役に立ったようで、貴之も他の子どもたちと同じく卒業証書を手にする事が出来て、思ってもいない事ができて、なみだが出て泣けてきました。

学校全体にごめいわくをかけ、子供たち、先生方、本当に長い六年間ありがとうございました。

(5) 池上小学校での六年間を振り返って ―― 松浦百子

人一倍言葉も少なく多動であった晋平が、池上小学校に入学して数々の教育を受け、早六年たって無事四月に蓮沼中学校に進学しました。

特に絵を描くことが好きで、鉛筆、わらばん紙、クレヨン等、ずい分他の子供達より使用し、思う存分書き成長したと思います。動きのある子であってもその時は、机に向かい、せっせと何十枚と好きな絵を描いておりました。そんな時は集中してその事に没頭し、落ち着いておりました。私も何かをかくことで晋平が落ち着いて机に向かえるならと、文房具類はおしまず購入し、家族協力して、絵を描いたり、字を書いたり、教えたり、いっしょに遊んだりして、伸びてくれるよう努力しました。よく学校でも他の子の何十倍と絵や字をかいていたようでした。おかげで入学して一年目で、ひらがな、カタカナ、名前等すらすら書けるようになってくれました。先生方も、そんな晋平の特性を伸ばしてくれるべく、本人が情緒不安定になると、絵を描かせて好きなようにさせ、安定させてから、また次の課題へと進むという様に、心くばりをして下さいました。ひらがなから漢字へと進む時は、電車の駅名、地名から入っていきました。

二年生からは、鉄道マニアが効をそうし、どんどん駅名、地名の漢字も覚えました。しかし、書き順がまちがうと、直すのに大変だということで、書き順については、学校にまかせて教育していただきました。本当に好きこそもののじょうずなりと言われるように、本人もだんだん自信がついてきて、三年生頃になると、少しずつ文章も書けるようになりました。その頃は、自分の思うまま、気持ちのままに表現して書くというような文章だったと思います。

そして四年生頃からは、接続詞、～した、ました、という様なきちんとした文章が書けるように指導をしていただき、まだまだ未完成のままですが、一応は作文と言われるような文が書けるようになって、卒業いたしました。当時、先生方も昨日の生活を思い出させて翌日書かせたり、人の話をどこまで聞いて理解しているかとの事で、朝礼の時の先生方の話の内容を本人に聞いて書かせる練習をさせたりといろいろの努力をしてくださり、記憶と文章が一致する様、毎日毎日日記帳を記入し、作文指導をして下さいました。その毎日毎日の積み重ねが、こういう子供達にとってどれ程大事な事かを、六年間振りかえってみて、しみじみ感じます。というのも、障害児はそれだけでも普通児よりスタートが遅れているわけです。一つの事を覚えるのに、何百回、何千回でやっと一つの事が理解できる子もいれば、何十回ほどでわかってしまう子と、それぞれ違いがあり、すべてに言える事は毎日毎日の単純な繰り返しの中で自然と身についていくのだなあと、普通児ではあきてしまうような事でも、この子達にとっては、それがとても大事なのだと思います。

晋平で言えば、歌で言えるでしょう。ぽかんとしていて聞いているのかいないのかわからないまま、授業や、掃除の時間に繰り返し歌っていた歌を半年後に家ですらすら口ずさんでいた時には、先生と私とで本当におどろいて、晋平に教えられたように思いました。あきらめないで、気長にやっていけば、必ず身について行く事が音楽の歌で知ったのもなつかしい思い出です。入学した時は、言葉が少ないのでもちろん歌など歌えません。三年の終わり頃より少しずつリズムに乗り、うたと言えるものがうたえるようになりました。ピアニカも、ひく練習をして、家でもその日に習った歌は、私も音符を覚えてオルガンでひいてやり、いっしょにうたいました。ピアニカが大すきになりました。毎日毎日、ひいていました。

五年生ぐらいになると、音程、リズム感もでてきて、歌という歌が歌えるようになり、家でも風呂に入った時や、気げんのよい時は、よく歌っていました。だんだんずにのってきて、来客があると一番に、校歌やはとの子や知っている歌を大きな声でうたって聞かせていたのもこの頃です。だんだん本人の自信につながり、いろいろと伸びてきた時期でした。そして人とのかかわりに目が向けられ、池上小学校の普通学級の子供達の輪の中へ入っていくようになり、ずい分、多くの子供達と遊んでもらえ、毎日その子達の名前と似顔絵を描いて楽しんでいました。

やはり、いろいろと考えると、五組に入学させて、晋平にとっては、本当に良かったと思います。本人の情緒が安定し、そして、個別教育が生かされ、のびのびと学校生活がおくれ、明るい元気な子供になれたのが一番うれしい気もちです。これからも、池上小で学んだものを伸ばしてやりたいと思います。あせらず、我子の成長を、人と比較せずに、前向きで努力して、元気で明るい子供に成長させたいと思います。

あ　と　が　き

「自分は健康である、障害はない」といえる人は、どこにもいません。現在は障害はなくても、やがて必ず病気やいろいろな障害がふりかかってきます。人間はそれらを克服して生きていかねばなりません。人生とはそういうものだと思います。しかし、つらいことだけが人生ではないし、つらいことを乗りこえていくなかにも、生きる喜びがあるのではないでしょうか。

生きているということは、人を思い、自然を見ながら、そして、しあわせな人間の社会を願いつづけていることではないかと思います。

健康であった子どもがある日突然障害を持って生きていかねばならなくなることがあります。また、生まれながらにして障害を持った子どもたちもたくさんいます。

このような子どもたちにも、わたしたち大人にも、人間として生きている喜びがなくてはなりません。それは、人間と人間とがいたわり合い、はげまし合い、愛し合うなかにひそんでいるものではないでしょうか。それが生きていく支えとなり、障害を克服して生きぬく力となるものではないでしょうか。

私はこのような美しい心にふれながら生きてきました。私は昨年退職しましたが、いつも、子どもたちの、その親たちの美しい心を忘れることができません。

人間は、病気したりすると、すべての人びとが美しくみえます。自然も物も、すべてが美しく見えます。いやなもの、きたないもの、というのが消えていきます。重い障害をもって生きている子どもたちは、おそらく、こんな美しい心の持ち主ではないかと思います。私は、そういう子どもたちをすくすくと成長させたいと思わないではいられません。

ひとつひとつのことを、乗り越え、さらに乗り越えて、ともに明るい空をあおぎたいと願い、この本のあとがきといたします。

1987年3月3日

日赤医療センター951号室にて

江口季好

詩と作文

■著 者 紹 介■

江口季好（えぐち・すえよし）

1925年　佐賀県諸富町に生まれる。

佐賀師範学校卒業後、早稲田大学文学部卒業。小学校・中学校に勤務。東京都大田区立池上小学校で17年間、心身障害学級担任。東京都立大学講師・大田区教育委員会社会教育課主事などを勤める。

日本児童文学者協会員・日本作文の会常任委員・全障研会員。

日本作文の会編『日本の子どもの詩』全47巻の編集委員長として1986年サンケイ児童出版文化賞を受賞。

〈著　書〉

『児童詩教育入門』『綴方の鑑賞と批評』『詩集　風風吹くな』『詩集　チューリップのうた』『児童詩集　はとの目』（以上、百合出版）、『児童詩の授業』『児童詩の探求』『ことばの力を生きる力に　全３巻』（以上、民衆社）、『障害をもつ子どもの、こくごのほん　全15巻』『詩集　子ども讃歌』（以上、あゆみ出版）ほか。

〈共　著〉

小学校教科書『国語』（日本書籍）、 小学校教科書『道徳』（日本標準)、『国語辞典』（日本標準)、『青空文庫』（日本標準)、『こくごだいすき』（三省堂）ほか多数。

特別支援学級の学習指導計画案集

——全面的な発達のために——

1987年５月５日初版発行
1989年11月15日改訂版第１刷
2011年２月10日改称版第１刷
著　者　江　口　季　好
発行者　山　脇　洋　亮
印　刷　モリモト印刷株式会社
発行所　東京都千代田区飯田橋 4-4-8 東京中央ビル内　同　成　社
TEL 03-3239-1467　振替東京00140-0-20618
Printed in Japan The Dohsei publishing co.,
ISBN978-4-88621-554-3　C2037